U0564273

阅尽世间繁华

探索内力生长

其中妙意

Juan 著

洞察人性的高效方法

电子工业出版社·

Publishing House of Electronics Industry

北京·**BEIJING**

内 容 简 介

本书围绕当代精英青年所关心的话题展开。作者经营知识星球社群"花神妙华云境"8年，几乎日日与都市高知精英青年线上交流，由此对这一群体的所思所想、痛点迷茫有深刻感知。本书即为解决这一群体的痛点问题而作。

本书第一章介绍对人性的认识和对人情世故的习得；第二章讲述职场修炼之法；第三章关注情感婚恋中的博弈，包括如何对自身情况进行精准定位、如何选择适合自己的伴侣；第四章探究情感生活中的相处之道。此外，本书第五章为"无用之用"的内容，主要关注园林、诗歌、历史等话题中的意趣。这部分内容虽无直接之用，但对于有心人来说，或许能提供灵感和启发。

图书在版编目（CIP）数据

其中妙意：洞察人性的高效方法 / Juan著.
北京：电子工业出版社，2025. 4. -- ISBN 978-7-121-49829-9

Ⅰ. B038-49

中国国家版本馆CIP数据核字第20253RM091号

责任编辑：滕亚帆
文字编辑：孙奇俏
印　　刷：中国电影出版社印刷厂
装　　订：中国电影出版社印刷厂
出版发行：电子工业出版社
　　　　　北京市海淀区万寿路173信箱　　邮编：100036
开　　本：880×1230　　1/32　　　印张：6.25　　字数：180千字
版　　次：2025年4月第1版
印　　次：2025年7月第2次印刷
定　　价：79.00元

凡所购买电子工业出版社图书有缺损问题，请向购买书店调换。若书店售缺，请与本社发行部联系，联系及邮购电话：（010）88254888，88258888。

质量投诉请发邮件至zlts@phei.com.cn，盗版侵权举报请发邮件至dbqq@phei.com.cn。

本书咨询联系方式：faq@phei.com.cn。

推荐语

年轻人的成长，往往是在孤独且黑暗的道路上踽踽独行，未来像荒原，没有方向，更看不到出路。而这本书，就像一张珍贵的地图。它为你指明前路的方向，让你看到远方有城市、有港湾，有无数条通向未来的道路可以走。去哪里、怎么走，始终是自己的选择，但没有地图，我们甚至都无法想象这种可能性。

书中讲述的不只是具体的职场经验、情感智慧，更是对人性的深刻洞察和对生活的清晰引导。更令人感动的是，作者用她的耐心与真诚，将生活中那些看似无关紧要的细节，化作启迪灵感的契机。

如果你正处于迷茫之中，或者希望找到更清晰的成长方向，那么这本书将成为你强有力的助手。感谢作者为我们绘制了这张地图，也希望它能为更多人点燃希望的火光。

王薇淇

北京服装学院培训中心（珠宝）负责人

Juan的知识星球社群"花神妙华云境"，我已加入多年，这是知识星球中最值得推荐的社群之一，其中的内容更是我每日必读的内容。Juan曾经说过，她本无意成为"情感博主"，是命运引导她走向此处。但我认为，她是天生的"情感博主"，只是此处的情感，更多是人情，是世故，是人性。她以妙笔生花的写法，拆解各种情感案例，看似是在讲男女之事，实则是在解释社会运行的底层规律。所以，相信这本书会给各位读者带来很多启发。

姜茶茶

公众号百万粉丝博主

Juan的功力远远不是用"情感咨询师"可以定义的，我更愿意称她为"世俗哲学家"。她是一个对万事万物的本质规律都有着浓厚兴趣的人，并且有极强的天赋将这些规律归纳成大多数人都可以借鉴的社会生存之道，而且这个"道"是将市场、两性关系、职场等各个领域都融合在一起的思维框架。更难得的是，在拥有这个天赋的同时，她还是一个有慈悲心肠的人，她能准确把握个体的困境，让很多人少走很多弯路。

醉鹅娘

红酒领域头部博主

作为五年的知识星球老用户，"花神妙华云境"是唯一一个我持续为之付费的社群。若仅仅将其当成情感社群来看，未免太浅薄，因为这里有更深远的意义：阅尽隐秘繁华，探索内力生长。

成长之路荆棘丛生，若未历经磨砺，你可能会觉得Juan语言尖锐。可真相就是残酷的，阅历渐丰之后，你会发觉这些肺腑之言很甘甜，能真正地滋养你。

"真理使你们得以自由"，自由的感觉也许是万籁俱寂。

乔少主

生活博主、连续创业者

有的人的文字，在读到的那一刻，你会觉得"惊为天人"；有的人的逻辑，在理解的那一刻，你会觉得"醍醐灌顶"。初次读到Juan输出的内容，我的感受就是这样的！

那些人性关系里难以表达的是非曲直，都被她用细腻的笔触一一拆解，不禁让人感叹：在人和人之间那些和睦与斗争的表象之下，原来隐藏着如此这般的真理！

作为一个深深被Juan的妙笔打动，并费尽周折和她连接、紧紧跟随她至今，且何其有幸时常得到她指点和赏识的小博主，我想说的只有简单的一句话：如果世间有一本书能教你看清人性里的一切美好与丑陋，能帮你找到真正向上攀登的路径和正确的修心方式，那一定是Juan的这本书。读完这本书后，你一定会找到属于你的"龙场悟道"！

小悦

职场博主

女性的成长之路往往不平坦，常常遇到荆棘。无论是对爱情的眷恋，对名利的渴望，还是左顾右盼的彷徨，这些挣扎总是无法与人言说。

　　加入了Juan的社群后，我得到了宽慰。在这里，我看到了无数优秀的女性各自面临的难题，以及她们的豁然开朗和相互鼓励。在这条自我探索的路上，我们都不是独行者。

　　懂得更多并不会让自己变得更复杂、更胆小，而是会获得更多的自由。当你不再恐惧的时候，你就会有无穷的力量去面对这个世界，去给予爱并承担作为"人"的责任。感谢Juan这一路的陪伴，让我能够从"女人"的固有思维中解脱出来，拥抱生而为"人"的力量和精神之美。

陈相妤

马来西亚环球小姐亚军

　　对我来说，读书就像通过作者的眼睛看世界。Juan带领我们观察人性的幽微，她的眼睛就像列文虎克的单式显微镜，将读者的视角带入微观新领域。一个革新工具能带领人类进入科学研究的新进程，而Juan的书能带领你看到日常互动中人性的暗流涌动。

Tina

施密特家族基金管理人

Juan以大量真实案例为基础，结合自己对心理学、社会学的深刻理解，将人类行为背后隐秘的底层逻辑以深入浅出的方式呈现。再难的问题，在她眼里也总有解法。她优雅的文笔中透着冷峻，每一篇文章在"问题解法"之余还具有一定的文学价值。Juan用文字带着读者打破认知的壁垒，开启了一段穿透表象的心灵奇旅。

李宁

纪录片导演、中国传媒大学教师

Juan做情感/职业/人生规划咨询时总会给人一种"神仙下凡，降维打击"的感觉，别人修的是术，而她修的是道。她总能精准地从云山雾罩的问题中找出要害，直达问题的本真，再春风化雨、如降甘霖般地缓解读者的焦虑。

我很幸运能在少女时代就加入Juan的社群，在她的陪伴下经历求学、择业、择偶、处世。后来，我也成了知识星球的嘉宾，能够解答他人的问题，这不仅是一种福报的积累和精神的交流，也是一种自省和对己心的观照，对于我个人的心性成长促进颇丰。

我想把这本书推荐给每一位学生/社会人，那些可能需要经历多年社会"毒打"才能悟出来的道理，或者仅隐秘存在于官勋家学中的严酷社会生存法则与人情世故，都将穿透表象，明明白白地呈现在书中。

Molly

北京威士忌节创始人

序言

亲爱的读者们，你们好。

我是花神妙的Juan ，一名作者、人性观察者、情感咨询师。

2015年，自媒体行业刚兴起不久，我在一家互联网公司工作，随大溜开了微信公众号。当时，我并没有想好要写什么，但互联网行业有一种共识，就是"不要闭门造车，让用户告诉你答案"。

起初我在网上发过各种内容，从文学作品到旅行日记，从企业分析到情感分析，然后看读者的反应。最后我意外地发现，读者更喜欢我写的有关情感分析和人性探索的文章。尽管这些方向很难算得上我的兴趣方向，但我尊重市场，既然市场反馈的是我应该写情感和人性类的文章，那就说明我肯定是在无意之中做对了什么，这是适合我的方向。

情感和人性，似乎是人人都可以说上几句的领域，那别人为什么还要来看我的文章呢？

如今，我大概明白了，因为当年我做了一种创新，并且在以后的很多年里持续升级这种创新思维，那就是将一个个具体的人置于他们各自所在的不同时代和环境中，既宏观地观察经济形势、行业起伏等对个人的影响，又微观地观察原生家庭、物质条件、成长经历、心智发育等对个人的塑造，从而给出对当事人来说最为适合，又最容易实现的路径。

在此之前，如果谈到情感问题，人们可能会说"男人都怎么样""女人都怎么样""男人都认为女人怎么样""女人都认为男人怎么样"……只有男人和女人的区别。而我注意到，一个具备A、B、C条件的男人/女人，和一个具备D、E、F条件的男人/女人，他们的偏好和思维方式是不同的。即使是同样具备A、B、C条件的两个男人/女人，他们的偏好和思维方式也可能是不同的。

在此之前，人们想要了解其他人，往往喜欢去"套公式"，根据某几个特征就可以把一个人归为某一类，认为这一类人都符合同一个模板，其行为可以预测。我承认这种归类法有一定的作用，并且我这些年也"发明"了一些概念，比如"雅男""青龙男"，用于概述具备共同特征的人。但我认为，想要精确了解他人、了解自己在社会上的定位，需要结合宏观和微观的很多要素，即便这样，也只能勉强得到一个大致推论，实际情况还要根据个人的境遇定期更新。

诚然，比起套公式，这种观察方法比较累人，因为还需要持续不断地学习时政、财经、企业动向等知识。但这是精确判断的前提。只有储备的知识和信息足够多，你才能在面对一个新的环境、一个陌生的人时，迅速判断自己应该做什么、说什么。

本书的很多章节均在讲解如何在具体的场景下了解不同的人。马克思认为人是一切社会关系的总和，也就是说，当你能得到关于一个人的所处时代、成长背景、工作背景、详细"个人参数"、位置变化等数据，且这些数据很详细时，再结合你对其他同等条件的人的了解，你就能大概了解这个人是一个什么样的人，他的目标是什么，他现阶段最重要的事是什么，等等。

如果你是一名销售人员，想要迅速判断哪些人是你的潜在客户、值得你花心思，哪些人不是你的潜在客户、不用浪费时间，那么这些是对你有用的方法。

如果你是一名企业领导，想要选拔好苗子着重培养，那么这些也是对你有用的方法。

如果你刚参加工作，想要找到一个值得自己追随的好领导，那么这些还是对你有用的方法。

如果你是一名择偶期女性，希望在宝贵的黄金择偶期不浪费青春，判断谁是值得自己相伴一生的佳偶，那么这本书将为你提供大量的案例和启发。

同样地，如果你是一名择偶期男性，想要知道自己适合什么样的女孩，找到值得自己呵护一生的伴侣，那么本书中的案例也会给你以建议和启发。

2015年，我刚刚开始做自媒体，那时我已经渡过了青春的险滩——表面风平浪静，实则波涛暗涌。那时候我就知道，青春并不总是生机勃发、光彩夺目的，青春期还会遇到礁石、暗流，以及时不时出现的陷阱。要想相对平稳地度过青春期，要有充分的信息甄别能力和判断力。

做自媒体之前的我是一个来自江苏的"小镇做题家"，去上海寻求机会，经常碰壁，也时常有成长。那时没有知识付费，我找不到导师和专家辅导，只能尽可能向认识的人请教，再自己思考。我还从古今中外的著作中参考做法，得到类似的启发，这也是本书中引用了大量经典图书的原因。这种方法确实有用，希望也能帮到各位读者。

愿大家都能有安心的当下，和一个充满无限可能的未来！

花神妙的Juan

目录

第二章

天梯：职场修炼 / 35

第三章

弈局：择偶之道 / 55

第四章

春风：相处之道 / 107

第五章

屏风：阅世万千 / 151

第一章

深景：人性人间

人间有时像喧嚣的剧场，有时又像寂静的深潭。东亚社会讲究人情世故，有太多的隐喻、暗示、表象与本质的背离、只可意会不可言传……于是，很多年轻人会感到人性之深奥难解，对人情世故充满恐惧和抗拒。

本章旨在穿透表象剖析人性，如同看画时看见不易察觉的深景。

01 贤友与奸友

不管是选择事业合作伙伴还是情感伴侣，选"贤"，即选择"人品端正"的优先级，都要高于选择"个人条件"。然而，个人条件较为客观，人品则很难评判。想要提高识人能力，史书能给人很多启发，毕竟，千百年来，人性的本质并没有太大的变化。

唐玄宗时期，贤相张九龄与奸相李林甫，体现了何为"贤"，何为"奸"。

由于个人眼界的局限性，皇帝的意图可能并不总是对国家有利的，但贤相们依然认为，只要是对国家有利的，就是皇帝应该支持的。这种矛盾导致了皇帝和贤相集团的冲突，但无论是皇帝还是贤相集团，都没有意识到问题究竟出在哪里。这时，突然有一个看透了这一切的人横空出世，他就有可能干预皇帝的想法，长期占据宰相的职位。只有理解了这一点，才能明白，李林甫之所以能长期把持宰相之位，并不是因为他有多厉害或者多狠辣，而是因为皇帝需要他。

开元二十四年（公元736年）十月，皇帝要从东都（洛阳）返回西京（长安），裴耀卿和张九龄两位宰相认为现在是秋收的季节，皇帝回京兴师动众，可能会影响农时，不如晚一点儿再回去。但李林甫却认为，洛阳、长安只不过是皇帝的东西宫而已，皇帝在两宫之间来往，不需要看时间。

同年十一月，皇帝和宰相之间再次起了冲突。皇帝想要重用一位武将出身的人——朔方节度使牛仙客。张九龄等人主张牛仙客无功不应领受重赏，而李林甫却认为皇帝可以自己决定如何赏赐和任命。（《盛世的崩塌》，郭建龙）

大唐天宝年间，张九龄是公认的贤相，而李林甫则是奸相。要说个人条件，李林甫出身宗室，身份高贵，虽不爱读书但善于音律，按照现代的眼光来看，李林甫有作曲才华。不过，李林甫虽个人条件好，但人品却被后世诟病。因为，贤相张九龄等人的主张，出发点在于是否对国家有利，或是否符合公义。而奸相李林甫，只是一味地迎合皇帝的私欲。

所谓的"奸"人，其实并不一定是以带刀上阵的架势出场的，而可能是以对上位者无止境、无底线献媚的柔顺之姿出现的。

在恋爱关系中，一个品行正派的人不管多喜欢另一个人，都不会用糟践前任的方式来迎合现任，因为他心中有公义、有原则。而那些"奸人"会越过公义和原则，一味迎合恋人的人性弱点，以及对方对待伴侣前任的胜负欲。

在兄弟、姐妹们的友情关系中，品行正派的人会担任对方的贤友，在好友心中怨愤之时安慰、出主意，但不会纵容好友的私欲。比如，当好友抱怨领导、指责伴侣时，贤友会在安抚完好友之后给他公允的建议，告诉他不可意气用事，指出他自身的局限性等；而奸友可能会一味怂恿好友去找领导闹、找伴侣吵，只顾他的情绪痛快，却无视后续的糟糕后果。

总之，贤友有自己的原则，可能不会对你百依百顺，但你可以相信他们轻易不会出卖你。而奸友，虽此刻万事顺你心意，但换一个场景就不好说了。

02　识别忠诚品格

为什么离职后诋毁前单位领导的人，往往会被认为人品恶劣？

为什么以出卖前任隐私来献媚现任的人，往往会被认为不可结交？

因为这些涉及对忠诚这一品格的认定。一段关系不管是存续还是已结束，正派的人都会对那段关系忠诚，不会出卖关系里的当事人去取悦下一段关系里的人。

成吉思汗在被称为铁木真的时期，第一个对手是他的发小，蒙古贵族札木合。战败以后，札木合逃亡到森林里。

年约四十岁的札木合与一小群追随者，以狩猎为生，过着被驱逐的、强盗般的生活。

在不定的命运逆转中，曾经高贵的札木合，已经降到了与幼年铁木真丧父时所面对的相同的生存状态。

> 1205年，几个因绝望而甘心认输的札木合部下，把札木合捆绑起来，交给了铁木真。尽管两人之间有仇恨，但铁木真仍视忠诚高于一切。铁木真并没有奖赏把札木合抓起来献给他的那些人，而是当着他们所背叛的首领的面，将其全部处决。
> （《成吉思汗与今日世界之形成》，杰克·威泽弗德）

铁木真认为捆了旧首领来讨好自己的札木合的老部下，不值得信任。他视忠诚高于一切，忠诚是一种独立的品格，而不仅仅是对自己的献媚。

身为一家公司的领导，若听到新下属对其前公司（有时还是竞争对手公司）进行诋毁，也许会有大快人心的感觉，但随之就需要警惕这个人。

身为新恋人，若对方以爆料前任的方式来对自己献媚，可能会有战胜前任的胜利感，但需要注意的是，能做出这种事的人本身不值得信任。

不满意之前的公司，离职就是了，诋毁前公司就是品格低劣。和前任分手后，若不想再有任何瓜葛，删除、拉黑都行，没有必要诋毁，更不能以此来取悦现任。一个忠诚的人会忠于一段时空内的关系，有始有终。所以，无论是在职场还是在亲密关系中，识别一个人是否拥有忠诚的品格，都是至关重要的！

另外，品格忠诚与否很难改变，也很难伪装。除了上面提到的情况，可能还存在恰恰相反的情况。因为，很多人都有人性弱点，希望对方只对自己忠诚，而不是保有忠诚的品格，甚至出现对"为了讨好自己而诋毁过往经历中同行者"这样的人大肆嘉奖的情况。所以，一些人会为了迎合这样的上位者而做出违背内心的举动。

要想做一个智者，你最好不流露自己的倾向，不让对方猜到你在乎的是"只对自己的忠诚"，还是"保有忠诚的品格"。

03 千里马识伯乐

千里马在遇到伯乐之前，尽管体形魁伟、跑起来风驰电掣，但没有人记得它的名字，它也不能在战场、赛场或秀场上博得功名。在物理学上，它是一匹千里马，但在社会学上，它只是一匹普通的马。

只有遇到了伯乐，千里马才能发挥它的优势。被伯乐所遇、被伯乐所知，这是一种巨大的恩惠，也是"知遇之恩"一词的由来。

社会上往往人才多，但好位置有限，因此，能不能在黄金期"遇"到伯乐就很关键。西汉董仲舒在《士不遇赋》中写道："呜呼嗟乎，遐哉邈矣。时来曷迟，去之速矣。"感慨命运无常，黄金期短暂。

作为马，千里马只能被动等待伯乐的发现。但作为人，倘若在才能上可以称得上千里马，或至少是百里马，那么你就可以主动去接近和挑选你的伯乐。

伯乐不一定要位高权重，只要能发掘你的潜能，让你去合适的舞台发挥才干，他就是你的伯乐。而且，你的一生中可以遇到不止一位伯乐。

怎么能看出哪些人可能是自己的伯乐呢？记住关键词——赏识。

若你的长处在他眼里权重很高，而你的短处对他来说无关紧要，那么他就是赏识你的人。相反，若你的长处在他眼里权重一般，而你的短处却令他陷入致命纠结，那么他就不是赏识你的人。

英雄在江湖行走，武功高强是关键，但如果想要出将入相，那就不能全靠武功了，也要有领导的赏识和提携。

请听秦叔宝弹铜作歌：旅舍荒凉雨又风，苍天着意困英雄。欲知未了平生事，尽在一声长叹中。（《隋史遗文》，袁于令）

什么"平生事"？无非建功立业出将入相。而这并不全靠自身本领，得有"明主"赏识提携。（《千古文人侠客梦》，陈平原）

从江湖英雄进阶到出将入相，中间差的就是"伯乐"。一个有志气的英雄，一定要寻找到那个赏识自己的明主。

在茨威格的不朽名篇《象棋的故事》里，男主角之一、国际象棋世界冠军岑托维奇起初是一个农民，智商极低，十四岁了算数还靠掰手指头，读书看报都很费劲。但一次偶然的机会，十五岁的岑托维奇接触到了国际象棋，一上手就非同凡响——

第一盘，岑托维奇输了，因为他在好心的神甫家里从未见过所谓西西里开局的下法。第二盘，他就已经同镇上最优秀的棋手弈成和棋。从第三、第四盘开始，他就一个接一个地把所有对手杀得落花流水。

小城当地的贵族兼狂热棋迷西姆奇茨伯爵说道："六十年来天天下棋，还从未遇到过这么一个奇特的对手"，当即就赞助了岑托维奇去维也纳接受国际象棋大师的专业训练。

半年以后，岑托维奇便掌握了国际象棋技艺的全部奥秘。他十七岁就获了十多个国际象棋奖，十八岁摘取匈牙利国际象棋比赛冠军，二十岁终于夺得国际象棋世界冠军。

像岑托维奇这样的棋手，在绝对迟钝的智力中散布着特殊的天赋，就像在一百公斤不含矿质的岩石中含有一条金脉一般！（《象棋的故事》，斯蒂芬·茨威格）

一个国际象棋世界冠军，在他的天赋因国际象棋而被发现之前，身份低微、智商低下，就像"一百公斤不含矿质的岩石"；然而，他因国际象棋而被发现、被赏识，于是在短短几年之内青云直上，变成"岩石中的一条金脉"。

在赏识你的人眼里，即使你的金脉被隐藏，他也能看出来，并且视若珍宝。而在不赏识你的人眼里，即使你金脉明显，他也只能看到你身上厚重的岩石。

如果你是十四岁的岑托维奇，那么你要做的就不是在课堂上艰苦而低效地读书，而是不停寻找，直到找到让你的金脉呈现的棋盘。

有些人在进入大公司后，发现直属领导并不赏识自己，于是按照一直以来的应试思维拼命"做题"，总觉得只要自己的工作表现足够好，就能让直属领导改变看法。殊不知，工作表现虽然是客观的，但敌不过领导的不赏识。即使领导承认你工作表现出色，他也依然可以选择不提拔你，或者不把能锻炼人的项目分给你做。这是人之常情，毕竟领导也是人，也有他自己的偏好。

即使你情商很高，你也很难让不赏识你的领导转变态度。遇到这样的情况，不妨换家公司、换个环境，换到一个赏识你的领导手下做事。

在情感关系上也有相似之处，有些人客观条件很好，但在婚恋上却历经坎坷。除了时运，也有一部分原因是：他们在不赏识自己的异性那里死磕。

04 穿透表象一：不为称号与头衔所误

当你在社交场合认识一个人时，对方通常会亮出他的头衔。

有时候，这些头衔名副其实，很容易让人知道一个人在社会上的大致定位。比如，某大学某院系的副教授，一看头衔就知道这个人是一个知识分子，在大学里担任某专业教师，职称是副教授。

但很多时候，头衔名不副实，反而令人眼花缭乱，容易让人产生误会。比如，有些人的头衔是某投资机构的"创始合伙人"，给你一种他参与了这家机构的创立，是创始元老的感觉。但实际上，他可能是在机构成立以后才加入的，创始合伙人只能代表他如今在机构中处于核心位置，不能代表他参与过机构的创立。在很多企业里，"合伙人"往往意味着这个人占据公司举足轻重的位置，更接近于一种荣誉称号。

总裁、副总裁的头衔也经常会被各种人使用。很多人在别人递过来的名片上看到总裁、副总裁字样，会想当然地以为对方是公司的一把手、二把手，或者核心高管之一。在很多情况下确实如此，但在有的大公司内，会有"事业部总裁""事业部副总裁"这样的头衔，其本质上就是一个部门总监、副总监。而金融机构的副总裁，通常对应的是具有多年工作经验的员工，之所以以副总裁称呼，只是为了方便他出去见客户。

以上这些名不副实的头衔，都可以被称为"权力的表象"。用名大于实的头衔，可以让其拥有者在社交中得到更多的便利，同时获得心理价值，因为给出实质性好处往往需要"真金白银"，而给到头衔上的好处则相对成本较低。

哈布斯堡王朝的利奥波德皇帝是个中高手。由于在战场上得到了普鲁士军队的鼎力帮助，因此作为回报，他并不介意给腓特烈一世"普鲁士国王"这顶帽子。而且，帽子给出去也不会影响利奥波德皇帝的霸主地位，"普鲁士国王"只是一种"权力的表象"而已。

> 在大多数中小规模部队的效能被大幅削弱的背景下，普鲁士战士及军官保持了一贯的战场表现水平，并且相较而言，他们的表现越来越出色。
>
> 原则上，维也纳不允许在神圣罗马帝国境内出现国王，因为那样会打破哈布斯堡王朝在授予贵族头衔方面的宝贵且至关重要的垄断地位。
>
> 尽管如此，为了把普鲁士战士网罗在自己麾下，哈布斯堡王朝的利奥波德皇帝并不吝啬抛出一个国王头衔，只要这个头衔不在神圣罗马帝国疆域之内即可。（《腓特烈大帝》，南希·米特福德）

按照历史学家的说法，起初的普鲁士王国只是"名为王国实为选帝侯国的双性国"，而"普鲁士国王"则是一种荣誉称号。

这不能说是一种敷衍。"权力的表象"也是权力的一部分，荣誉称号有着不容忽视的心理价值。在难以给到

"权力的实质"的情况下，给到"权力的表象"也是一种折中方案。

05 穿透表象二：不为言语亲近所误

元世祖忽必烈在早年根基未稳之时，曾遭遇过臣下李璮的叛乱……

正乘阿里不哥西征而进据和林的忽必烈，听到李璮叛乱的消息，立即转旆而南。他请姚枢分析形势。

姚枢说："从李璮来说，此行可以有三策。乘我北征之隙，濒海而直捣燕京，然后闭我于居庸之外，使中原解体，是上策。与南宋连和，据益都为持久计，扰我边地，使我疲于救应，是中策。如出兵济南，幻想山东诸侯响应，就将束手就擒，是下策。"

忽必烈问："那么，李璮将会出何策呢？"姚枢肯定地说："走下策。"事实表明，姚枢的判断是完全正确的。

李璮在2月初还据益都，大发府库犒赏将校，果然便发兵前取济南。李璮在进兵济南时，曾移檄四方，希望取得山东、河北诸地汉人军阀的响应。但是，应者寥寥，使自己陷于十分孤立的境地。困守济南后，更失去了活动的余地，已无法逃脱坐以待毙的厄运。

山东、河北的一些汉人军阀，事先曾与李璮书信交通。正如姚枢所估计的，李璮之所以兵出济南，原是期待可以取得他们的响应。（《忽必烈》，周良霄）

姚枢预判李璮的上中下三策，其中"上策"完全基于对局势的理性分析，趁忽必烈与阿里不哥鏖战，直取燕京。上策基于计算，全无看得见摸得着的证据。看似天马行空一般，实则最为靠谱。"中策"来自南宋在面上封李璮为保信宁武军节度使，但在军事上却几乎不给他权力。南宋给了李璮虚的封号，让他将和南宋联合列为一个可选项。而"下策"则是出兵济南，从局势上看毫无逻辑，但姚枢却预判李璮会出此下策。

虽然下策显得莫名其妙，但姚枢已知李璮私底下常与山东、河北当地的军阀书信往来，类似于我们今天的"频频在线上聊天"。李璮从和山东、河北军阀的交往中得到了虚无的安全感，并以此作为出兵的底气。但军阀们只是和李璮聊得火热，真到李璮叛乱时，响应者寥寥。

姚枢能算准李璮的选择，来自他对人性弱点的觉察。上策要基于对局势的精准计算，而下策从局势计算上看一塌糊涂，全凭自以为是的证据。

李璮拥兵自重三十年，依然会觉得自己跟其他军阀的"线上聊天"能指导自己做出决策，何况普通人？

普通人在与他人接触时，往往会通过对方回复消息的快慢来判断对方对自己的态度。如果对方秒回，或在言语中表现出善意，就认为对方认可自己并获得安全感。如果对方回复消息很慢或者不怎么回复消息，就认为对方对自己不在意，甚至怀疑他在针对自己。不知不觉之间，就犯了和李璮一样的错误。

实际上，即使一个人主动跟你聊天，也不能代表他就认可你，这只能说明他愿意为了开启一段关系而出力，这是他对自己的价值观负责的表现。切记，不要为言语亲近所误。

06　是友情还是男女之情

一位女士和一位男士经常聊天，两人很聊得来，都愿意花时间和对方谈天说地。那么，对这位女士来说，她如何判定男士与自己之间是友情还是男女之情呢？

答案是：看自己能不能感受到他的脆弱。

很多男士常常很坚强，但在面对自己喜欢的人时，会卸下防备，展示出脆弱的一面。

意大利国宝级作家阿尔贝托·莫拉维亚在小说《罗马女人》中，用第一人称描述了真爱女主角的男子阿斯达利塔的样子：

阿斯达利塔像是被我施了什么魔法似的，虽然我不愿意这样做，也丝毫没意识到这一点；尽管他意识到了，并想竭力挣脱，但他也无能为力。我彻底使他处于劣势，永远从属于我，并受我的支配；我一下子解除了他的武装，使他处于麻木的状态，任凭我摆布。后来，他向我解释，有时候他自己会排练怎么在我面前扮演一个冷漠而又高傲的角色，甚至连台词都背下来了；然而，一见到我，他马上就面无血色，陷入极度忧虑和焦急的状态，这种状态压得他透不过气来，脑子空空如也，舌头也僵硬得说不出话。他似乎没有勇气直视我的目光，昏头昏脑的，克制不住地想跪倒在我面前吻我的脚。

（《罗马女人》，阿尔贝托·莫拉维亚）

阿斯达利塔是一位重要人物，平素不苟言笑，然而每次见到女主角，他都会陷入脆弱状态。

当然，普通人表达爱不一定会那么炽热，但脆弱有强有弱，即便是很轻微的脆弱，也基本是男女之情的种子。当你看到了对方的脆弱以后，你可以选择让种子发芽，或是永远埋没在土里。

请注意，这里完全不涉及客观条件上的强大或脆弱，你只能从"知道他明明可以很强大，却能真切地感受到他的脆弱"来瞥见男女之情的种子。

07　尹雪艳式的高情商范本

作家白先勇在《永远的尹雪艳》中，塑造了一个具有传奇色彩的女主角——尹雪艳。尹雪艳是一个复杂的人，既有"狐狸精"的一面，又有侠肝义胆的一面。她的情商很高，不仅能让男人们为她飞蛾扑火，也能让女人们深感服气。这着实不寻常。

尹雪艳的样貌兼具清冷与艳丽，按照常理，这难免引起其他太太的嫉妒。那她是如何让太太们心甘情愿叹服的呢？对此，原著中有这么一段描述：

> 　　她们不得不承认尹雪艳实在有她惊动人的地方。尹雪艳在台北的鸿翔绸缎庄打得出七五折，在小花园里挑得出最登样的绣花鞋，红楼的绍兴戏码尹雪艳最在行，吴燕丽唱《孟丽君》的时候，尹雪艳可以拿得到免费的前座戏票，论起西门町的京沪

小吃，尹雪艳又是无一不精了。于是这些太太们，由尹雪艳领队，逛西门町、看绍兴戏，坐在三六九里吃桂花汤团。（《永远的尹雪艳》，白先勇）

给太太们提供实际的小恩惠，就是尹雪艳收服人心的秘诀。太太们跟着尹雪艳一起玩儿能得到好的享受，那自然不会去管她的女性魅力是不是盖过了众人。

一个当代年轻女性通过自己的努力，如果能实现"智慧、美貌、财富"三者并存，那么她可能会获得社交媒体上陌生网友的点赞，也可能会获得异性的爱慕，但不一定能获得周围同性的友谊。道理很简单，她的"智慧、美貌、财富"能给同性好友带来什么呢？可能只有嫉妒心。

而在现实生活中，我们很大一部分幸福感其实是来自同性好友的。想要赢得同性好友的支持，尹雪艳给了很好的范本。尹雪艳的逻辑不是思考"我要多优秀才能让太太们尊重我"，而是想清楚"我能给太太们带来什么恩惠"。

08　早期吴三桂式的高情商

想了解中国式人际关系，靠的不是直接阅读"如何提高人际关系"方面的书，而是要从历史人物的处世之道中寻找答案。

学者张宏杰在《大明王朝的七张面孔》中写了七张面孔（七个历史人物），有一张"面孔"便是吴三桂。在"冲冠一怒为红颜"之前，作者用翔实的史料证明：吴三桂的崛起是多年积累的结果。

吴三桂的起点不低，其父亲是当时的锦州总兵。然而吴三桂身上并没有骄娇二气，而是竭力去争取他人的支持。只要他人有一二长处，他就去主动结交这些有识之士。在他人落魄时，吴三桂亦会热心帮助。

> 吴三桂热衷于广泛交友，人有所长，他总是千方百计要与之结识，别人遇到困难，他经常慷慨解囊，一掷千金。对于那些身居高位且与他的前途大有关碍的人物，吴三桂更是善于攀附，不显山不露水之中每每赢得他们的好感。

天启年间，高起潜代皇帝总监辽东兵马，初出茅庐的吴三桂就认这位位高权重的太监做了义父。大学士方一藻巡抚辽东以后，吴三桂很快和其子方光琛成了结拜兄弟。洪承畴经略辽东之后，他又和洪的亲信幕僚谢四新结为至交。所以历任边关大吏无不对吴三桂宠眷有加，他不发迹，还有谁能发迹？（《大明王朝的七张面孔》，张宏杰）

历任巡辽东的边关大吏，吴三桂都能与他们处得很好。遇到年长者本尊，即认作义父。再来几位边关大吏，则与他们的子女、亲信成为兄弟。

早期吴三桂的高情商并不是"只讨好领导"，而是对周遭的人都照顾有加。不管是地位高于他的大人物，还是地位低于他的小人物，甚至落魄的人，他都愿意为之付出热情。当时能做到这些的他，如同朝阳，没有人能阻止他升起。

生活中的很多人只想着结交"一位贵人"，而高情商的人则会注意结交"一张朋友网"。这张朋友网里不仅有上位者，也有平等者和下位者，还有很多暂时的失意者。如此，可称为"关系网绵密"。

09   嘴甜不是虚伪

好好说话，不管是当面还是背后，都要尽量说别人好话。这种行为简称"嘴甜"，是很多名人都有的习惯，他们常将自己的这一习惯分享给大众。对此，有些受众认为很有道理，但有些受众会认为："嘴甜是不是虚伪？如果很看不惯一个人，难道还不能吐槽几句？"或者会认为："如果我刻意嘴甜，那我就不是我了，就不能做自己了。"

换个角度来看，为什么要忍不住吐槽别人令自己看不惯呢？因为吐槽让自己觉得爽。可是，一个人如果只顾自己爽就去随意嘲笑别人、打击别人，不顾他人的感受，那么这只会让他在恶意中感到满足。这不是真诚，也不是真性情，而是自私。

那些不轻易说别人不好的人，那些会尽量发现别人优点并不吝夸赞的人，他们并不虚伪。相反地，他们顾及别人的感受，愿意为一段关系做出努力。对于这样"嘴甜"的人，世界当然会给他们回报。

10　避免做"饭局杀手"

饭局上有一种人，俗称"饭局杀手"，他们被家人或领导带到饭局上，但由于性格内向、不善言辞，且内心不喜欢参加饭局，于是全程不讲话。其实，这是很失礼的行为。

有的小伙伴会说："在饭局上，我一般都是神游太空，看着满桌子的人'表演'，觉得众人皆醉我独醒，就算自己不说话也不会影响别人。"

实际上，在饭局上表现内向且话少的人，往往会让其他人感到反感。因为组织者组织一场饭局不容易，需要一个个邀请客人、根据客人们的共同口味选择餐食、预订餐厅。预订餐厅时还要考虑能不能订到包房，如果订不到还要协调时间。有的餐厅还会要求提前确定菜品进行备菜。总之，组织过程十分琐碎繁杂。

饭局当日，组织者还要早到餐厅。如果有客人到得比较早，组织者就要和他一起喝茶、聊天，这就要求组织者最好事先准备茶叶。等所有客人到齐，饭局正式开始，组织者还要先举杯，发表小型演讲，感谢客人们的到来。

如上所述，组织者已经为这场饭局准备了这么多，那他一定很希望接下来有其他参与者能发言、带动气氛。因此，一个积极发言、让饭局气氛活跃的参与者，就会受到集体欢迎。而那些沉默寡言、让饭局气氛冷却的参与者，也就是那些自我感觉"众生皆醉我独醒"的参与者，在旁人看来就是影响饭局氛围的不懂事的人。

那么，一个不知道如何在饭局上积极参与的人，该怎么积极改变呢？这里有一个入门小技巧——适当自黑，多夸赞别人。

比如，父亲老张带着儿子小张参加饭局，老张往往会当着所有人的面说小张没有饭局上另一位父亲老李的儿子小李优秀。这时，小张可以配合说："是啊，小李比我优秀太多了，我要是能像小李这样可就太好了！"这样一来，既能让老李小李父子高兴，也能避免饭局气氛尴尬。如果你也被类似的情况困扰，下次不妨试一试。

11　用好社交账号，润物细无声

对于职场新人来说，要想探索职业机会、与更多行业前辈建立联系，就得建立好自己的社交账号。这样一来，行业大牛们就可以通过你的社交账号内容大概了解你。

对于黄金择偶期的男女，要想让异性了解自己，经营好社交账号也是非常实用的方式。

社交账号的经营有两大关键：功夫在平时、润物细无声。不要等到遇到绝佳的机会了，才着急在社交媒体中展示自己，那样会显得刻意、着急。

平时就要建立好自己的社交账号，时常发布内容，也不要将微信朋友圈设为"仅展示最近三天"，应尽量公开，让更多人看到你的社交内容。

有些小伙伴可能会说："我不想暴露自己。"可是，如果你想从外部争取一些机会，那就必须让外界的人对你有一定的了解，在朋友圈中适当展示自己是必要的。

社交账号的建立是一个系统性工程。如果想寻求职业机会，则可以在自己取得一些职业成果的时候展示出来，比如发布职业资格证书，或发布自己参加专业论坛时的演讲照片等。如果想择偶，则可以适度展示自己的生活照，体现自己积极向上的一面。还可以每年找摄影工作室拍一组人像写真，费用不高，但质感比用手机随手拍的强很多。不建议频繁发布自拍照，那样会显得自己很自恋。对于文字内容方面，可以发一些对生活的记录和正面感悟。生活经历丰富的人可以记录旅行、聚会、运动的vlog，生活经历简单的人则可以发一些读书笔记等。

切记：千万不要随意在社交账号中发泄情绪，也不要流露太多的内心独白。

12　如何送礼才有高级感

用送礼作为交流感情的方式，并非陋习，而是正常的人际交往之道。

礼物是人际关系的润滑剂，收到别人的礼物，也就等于收到了别人的一份情，假以时日，自己应该还一份情。人与人之间就是靠这种互相亏欠一些小情分，再互相偿还一些小情分，而逐渐建立起感情的。

那么，如何给别人送礼呢？

首先要讲究时机。一个常见的认知错误是"求人办事时才想起来送礼"，这一认知错误虽然初级，但依然有很多人会犯。实际上，若平时跟别人不熟，那对方自然是不敢收"陌生人"的礼物的。何况，有能力帮人的人大概率生活条件较好，他们为什么还要收来路不明的礼物呢？事实上，要想维系好关系，应该在平时就注重礼物往来，比如在过生日、乔迁、新年等特殊时间节点送去礼物，表达心意。

还要讲究送礼方式。很多人会遇到一个困扰——礼送不出去，这往往是因为送礼方式不对。要想维系好与"人脉"的关系，功夫在平时。其实很多时候，你并不需要花钱给人送实体礼物，时不时发个微信问候一下对方，也是非常好的方式。人都有感性的一面，谁会将时不时问候自己的朋友拒之门外呢？

王先生是一位来自香港的马主，平时养了两匹赛马，也会招待自己内地的朋友们来香港的赛马场玩，顺带看看自己的马。有的朋友接受完招待便与王先生鲜少联络，而有一位社交高手则会在看到赛马的新闻时，给王先生打电话："王先生，我今天在电视上看到赛马的新闻，于是想到了你，不知道你的马最近成绩怎么样？"接下来一番言语交流，双方的亲密度便得到了提升。

类似这样的"无事常问候"，只要控制频率，不让朋友觉得过于频繁，就基本能让友谊保鲜。

有了平时的经常问候，送实体礼物时就不会显得那么突兀了。那么，应该在什么时候送礼呢？又该送什么呢？

金先生是很多家公司的商业顾问，每年春节前他都会定制一批礼物送给自己的客户和朋友，其中很多人与他并没有商业往来，但只要金先生认为这个人值得结交，他就会给他也送上一份。

每年，金先生定制的礼物都略有不同。有时是一瓶葡萄酒，加上台历、春联等常规跨年用品；有时是武夷山定制岩茶，再加手写信；有时则是知名中餐厅旗下严选的食材礼盒提货券，等等。

金先生的春节定制礼物的实体价格在500元至1000元之间，这个价位的礼物让收礼人没有太大的负担，同时兼顾礼物的价值和实用性。金先生在每年寄送礼物之前，都会给收件人发一段几百字的感人内容，回顾过去一年的得失与成长，并祝朋友们春节快乐。

除了春节，中秋节亦是很好的送礼时机。中秋节送什么？送月饼自然是不会出错的选择。但月饼往往高油高糖，不符合现代人的健康饮食要求。而且，大家都会在中秋节送月饼，你想送礼的对象可能已经收到了很多盒月饼，你再送月饼，他可能很难记住你。

这时不妨别出心裁地送一份大牌化妆品礼盒。大牌化妆品，几乎每个女人都爱，即使送给男性领导和长辈也不奇怪，因为他们可以转送给太太。

很多时候，人们送礼有一个误区——只考虑收礼人的喜好。事实上，也可以考虑他们身边的人的喜好，送出别出心裁的礼物，这也等于替送礼人分忧。

送大牌化妆品礼盒时，可以搭配一盒月饼（或其他食品礼盒），以免突兀。价格方面不宜太贵，如果超过3000元，则在很多人眼里会显得过于贵重，他们可能不愿意收，以免欠下一份大人情。所以建议选择价格在800元至1500元之间的化妆品礼盒，既体面又不过分昂贵。

13　青年男子如何给中年男士送礼

青年男子在工作中遇到赏识自己的中年男士贵人，对其心生感激，于是想要在逢年过节送礼给自己的"伯乐"，送什么好呢？

有些成熟的商人喜欢定制礼物送给商业伙伴和泛泛之交，这种做法体面、独特、高级，不过，这是一种"群发"式的送礼方式，只能用在维护日常友谊上，送给对自己命运起到巨大推动作用的伯乐，就显得不太用心了。

这时，需要送一些价值高的礼物。具体送什么呢？在当下，送智能手机是不会出错的选择。男人之间互送电子产品很容易打开话题，相比于其他品类的电子产品可能存在暂时用不到、恰好有同款等尴尬情况，智能手机的好处就在于实用性强、流通性好，毕竟人人都要用手机，人人都爱新手机。

虽然茅台酒也能流通，且价格与智能手机差不多，但茅台酒更合适的使用场景是在请人吃饭的时候带上一起喝。单独送可能需要"动听"的理由才不会显得尴尬，不让"送礼感"过重，比如"我朋友和茅台经销商关系好，我让他给您留了两瓶特定年份的。"

名酒、雪茄、茶叶等都是中年男士普遍喜欢的东西，但送这类东西要求送礼的人有一定的鉴定能力，保证礼物的品质，以免引起尴尬。

14　青年女子如何给中年女士送礼

青年女子在工作上欠了中年女士贵人的人情，想送礼物表达感谢，该选什么礼物呢？

首先要清楚女人之间送礼的原则：有名目，循序渐进。女人更容易被动听的言语所打动，所以在送礼时，若能搭配好听的话，则会让送礼的过程更流畅。

在有实际名目的情况下就可以送礼了，比如"谢谢领导对自己的帮助""中秋节到了，一点儿心意，祝领导阖家团圆"。

对于中年女士，可以送SPA身体护理、香水礼盒、下午茶使用券等。这些产品和服务，女人基本上都喜欢，又没有太大的金钱味道。而且叠加名目（比如"中秋礼物""圣诞礼物"等）后，这些礼物会颇具仪式感和精神价值。

送礼不是一次性的，比如，可以先送中秋节下午茶套餐，如果对方收了，到国庆节再表示"领导辛苦了，十一长假期间我请您去做个SPA吧"，等到了元旦，再送个精美蛋糕之类的，让她与家人朋友跨年共享。

如果说男人之间的送礼遵循"一年一次到两次，送到位"的原则，那么女人之间的送礼则讲究"润物细无声"，一年多送几次也不奇怪。

第二章

天梯：职场修炼

职业是一种谋生方式，对于一些职场高手来说，职业还是一种有趣的、值得深究的生活方式。如何看待不同的行业？如何做出适合自己的职业选择？如何对抗年龄增长带来的职场压力？如何储备经久不衰的职业技能？职场如天梯，爬梯的过程即锻炼体能、提升认知的过程，宛若一次持久的户外运动，奖赏不仅在终点，还在沿途。

01 社会资源与行业选择

对社会资源要求高的行业只是一部分，比如金融承揽、艺术策划等。还有很多行业，社会资源对其只起到辅助作用，个人能力才是岗位的核心要求，比如科学研究、职业运动、艺术创作、医疗等。

对于上述后者，哪怕资源到位，没本事也无法胜任。正如，砸再多资源，也基本无法让一个天赋平平又不肯刻苦训练的人拿到奥运冠军。

但在后者的领域，若再有一定的社会资源，则确实会有如虎添翼之感。但这些只是"翼"，没有"翼"，老虎还是老虎，是战斗力最强的猛兽之一。在现实社会中，一般来说，只要"虎"的情商过关，其事业发展就能相对平稳。

你拥有什么样的社会资源呢？请按照自己的资源、禀赋去选择适合自己的行业吧。

02　入职要求"超配"的原委

为什么明明是一个较为基础的岗位，但其入职要求却对学历、年龄、工作经验等都有那么高的要求？这是很多人的困惑。与其抱怨用人单位的要求不合理，不如弄明白背后的原因。

大型客机C919项目常务副总设计师陈迎春在谈到"飞机型号的市场寿命取决于什么因素"时说：

> 所有的飞机产品都是根据市场竞争来决定销售时间的。C919能在市场上存在多久，第一与我们自己有关系，比如生存能力，即受客户欢迎程度。第二与竞争对手有关系，比如波音767原本是一个很好的机型，但等A330一出来就被打败了，最后只能停产，甚至还有退货；而波音787面世，A330就面临险境。两家航空公司都在有针对性地设计，用独有特性打败对手。（《大国工程》，赵忆宁）

一个产品能否在市场上存活，一方面来自其自身的产品力，另一方面来自竞争对手的表现。波音767的产品力没问题，但A330的出现让其只能停产，这就是竞争对手表现出众的威力。

其实，很多岗位本身对从业者的素质要求并不高，受过教育的人基本都能胜任，但因为想要争取这个岗位的人都很强，所以导致上岗要求"没必要、不合理"地高。

只关注自己的产品力，不关注竞争对手的表现是常见问题。一旦我们关注到要跟自己竞争同一岗位的人有多少、他们的素质如何，很多疑问就迎刃而解了。

如果你确定自己的"产品力"足够强，但眼前的市场中没有自己的用武之地、自己很难抢得过更强的竞争对手，那么不妨换个视角，去到其他市场，比如高手不特别密集的行业、处于起步阶段的行业，让自己成为诸多竞争者中更强的那一个。

03　如何面对有"瑕疵"的工作

先来看一个小故事。曹操的父亲曹嵩在积累家产后，花钱买了个太尉的官做。

经过多年积累，曹家已有巨额资财。中平四年（187年），曹操的父亲曹嵩用钱买到太尉之职。

太尉是掌管兵事的最高官员，与司徒、司空并称为"三公"。三公是官员的最高阶，其下有九卿。当时的士大夫都以登上三公九卿之位为人生目标。

曹嵩原本是九卿之下的司隶校尉，之后任过主管宾客和外交的大鸿胪，后又被任命为负责钱谷的大司农。大鸿胪和大司农都属于九卿。

曹操反对父亲买太尉之职。他觉得父亲严谨，更适合大鸿胪和大司农，不适合任掌握兵权的太尉。

而且乱世之秋，太尉之职确实危险。太尉张温因未能平定凉州之乱而遭罢免，在他之前的太尉张延因遭宦官诽谤而死于狱中。现任太尉崔烈辞官，或许是觉察到了危险——他任司徒期间曾建议放弃凉州而惹过麻烦。

"你说的这些，为父都明白；为父也知道太尉之职危险。"曹嵩闭上眼睛，"但无论如何，我要让曹家出一位三公。"

听父亲这么说，曹操不禁心有戚戚。他竭力忍住眼泪。宦官的儿子——父亲如何能忍受他人在背后的指指点点呢？

"为父呢……"曹嵩睁开眼睛，凝视着儿子，"要让你以太尉之子、三公之子为豪。太尉之职的确危险，所以才会空缺。司徒和司马不缺人，再多的银子也买不到……你无须担心，我很快就会辞官。只要当过三公即可，哪怕只是一日。"（《曹操》，陈舜臣）

都是买官，买哪个更合适呢？大鸿胪和大司农既位列九卿又安全，可问题是：这种既光鲜又安全的岗位，愿意出钱买的人多的是，凭什么轮到你？

曹嵩点出"太尉之职的确危险，所以才会空缺。司徒和司马不缺人，再多的银子也买不到"，这句话正中要害。他不是不明白太尉之职的危险，但只有这种危险的岗位才缺人，才有得到的机会。

曹嵩对太尉之职的预期收益适中，只求"当过三公即可"，不求在位长久。只要有人当过三公，整个曹家就是公族。

能容忍目标的瑕疵，对目标的预期收益适中，这两点是曹嵩的明智之处。

在进行职业规划，乃至人生重大选择时，常见的情况是时间、地点、光鲜程度、安全性、可持续性等要素很难同时满足。即使真的存在各方面都好的事务，也很难轮到自己参与。创投行业的小伙伴很容易理解这一点，有些公司并不是你有钱就能投的。

有的工作（尤其是在一流的大公司中）既能给出丰厚的报酬，也能给到求职者很大的职业发展空间，但公司所在地不在繁华的地段，求职者需要承受漫长的通勤，以及下班后没有丰富便利生活的代价。可正因为有这些"瑕疵"，这些工作机会才会流通到市场上。

曹嵩的智慧在于，他懂得取舍，知道作为普通人只能接受有瑕疵的标的。同时，曹嵩对目标做了阶段性收益规划，即他只要"曾经拥有过三公身份"，不贪恋长久拥有。

如果一份工作有瑕疵，但它能帮你实现某个阶段性的目标，那么你依然可以尝试着争取它，先忽略瑕疵，等到达成目标后再考虑更好的机会。

04 庞春梅的崛起逻辑

《金瓶梅》中的庞春梅，丫头出身，起始地位极低，最后成为戴珠冠的夫人，最终地位甚高，属于晋升奇迹。春梅最终崛起，可谓吴神仙预言的"命里有"，但促成命运的很大原因是其性格。

春梅"性聪慧，喜谑浪，善应对"，关键是"善应对"——她有着泼辣的一面，但面对着改变她命运的周守备，又能变得"举止动人"。

> 却说春梅卖到守备府中，守备见她生得标致伶俐，举止动人，心中大喜。

听说昔日的主子金莲出来，在王婆家聘嫁，春梅就想让金莲也进守备府。她是怎么说的呢？

> 这春梅晚夕啼啼哭哭对守备说："……"，把守备的念转了。

王婆开价太高，守备派出的人讲价未遂。

> 丢了两日，怎禁这春梅晚夕啼啼哭哭："好歹再添几两银子，娶了来和奴做伴儿，死也甘心。"（《金瓶梅》，兰陵笑笑生）

春梅性情刚强，本不是软弱的人。但她得宠以后想要说服丈夫做事，连续几次碰壁都是一贯"啼啼哭哭"，而不是吵闹。

除了本性中的"善应对"，春梅到了守备府后一路高升，也不可忽视她此前在西门庆府被吴月娘恶意报复、承受过"罄身出府"的差辱经历。一个本就善于变通的人，在经历重大挫折后，内心会更沉得住气，外在则表现为身段更柔软。这是通行于古今中外职场的软技能。

春梅从前在西门庆府受过苦、磨过心性，来到一个新的、适合自己的平台才能抓住机会。所以，在职业生涯早期，即使开头不顺、备受打击，也不见得全是坏事。很多小伙伴希望能"一步都不踏错"，因此害怕尝试。但有时候逆境能修炼人的多方面软技能，或者说，某些软技能的习得需要"挫折"这位老师的教导。

05　储备终身不贬值的职业技能

如何度过可能遇到的中年职场危机？或者更进一步，中年以后如何迈入新的职业高峰？一个比较奏效的方式是进入管理层，成为行业内的稀缺人才。然而，想要在职场天梯上行至高位，涉及的因素较多且很多并非人力可为，比如，是不是能赶上行业和公司的腾飞期、有没有遇到赏识自己的伯乐等。

另一条途径适合更多人，且自身的主观能动性能起到较大的作用，不太受时运的影响，那就是提前储备一两个与主业有交集的、务虚而基础的技能。

比如，可以在业余时间大量观看展览、大师画册，逐渐积累"审美"这个务虚而基础的技能，那么只需要再叠加一项实用工具，就可以获得较强的职场竞争力。在不同的时代，职场人士用到的实用工具随时都在变化，但总体来说，新的实用工具掌握起来比较快，而"审美"却需要漫长的积累。

比如，对于"数学好"的人，如果去金融行业从事数据分析类工作，那么只需要稍微培训一下就能上手，并且后续会靠着扎实的数学基础表现出色；如果转行去互联网公司写代码，那么即使一开始一行代码都不会写，但只要经过一段时间的编程培训，往往就能迅速理解其中的逻辑并成为合格的程序员。将来若有新的对数学能力有一定要求的行业，具有这方面技能的人，"套"上一层实用技能就能发挥作用了。

很多大师级别的花艺师并不是学花艺出身的，而是由建筑师转行而来的。由于对架构和空间有较强的感知，因此，他们以往做建筑师时所受的训练和养成的习惯能立刻起到作用，只是手里的材料由建材变成了花材。

所以我们看待技能时，可以从"实用技能"和"务虚技能"这两方面去看。掌握社会当下所需要的实用技能可以让你在短时间内找到工作，但不同时代的重点实用技能可能不同，这导致很多人在职场上没有安全感，害怕自己被时代所淘汰。

有意思的是，务虚技能往往能经受得起岁月的洗礼，找到新的用武之地。弓箭被时代所淘汰，弓箭手却能转行成为射击手，因为体能强悍、移动瞄准、意志力坚定等务虚技能可以平移。

有的读者反映，自己在一家公司做设计，技法很一般，老板说看中的就是她的审美。而她的老板是做销售出身的，对于如何搞定客户很有一套，虽然销售的产品几经更换，但公司总能有好的销售业绩，因为洞察客户需求、沟通、表达等技能十分通用，这些技能不会随着某一行业的没落而被淘汰。

在职业生涯的早期，靠着掌握实用技能基本就能获得工作，但如果想未雨绸缪，最好还是花一些时间去琢磨万事万物的本质规律，培养与自己主业相关的务虚技能。

06　高体能者与低体能者各有去处

上学期间，大家都想在学业上取得成就；毕业以后，大家想要的则是在事业上取得成功。与学生时代高度考验智商、自律性、学习方法等不同，在工作中取得成功需要的是另外一些特质。

有一位小伙伴在工作一段时间以后提出了他的看法："看那些有所成就的人的言谈和气场，感觉他们的共同特质就是精力异常充沛。"

这位小伙伴说得非常对。在学生时代想要学有所成，自然需要精力充沛，但此时精力充沛的作用远没有工作后那么大。一个原因是，学生时代的大家都是青少年，本就处于人生的体能巅峰时期，个体间的体能差距不是很大，而到工作以后，大部分人的体能逐年下降，少部分人的体能依然能维持在高位，由此差距拉大。另一个原因是，学生时代虽然学习强度较大，但作息基本规律，而工作以后动辄需要加班、熬夜、出差，作息经常不规律，这就对体能的要求更高。

如果没有充沛的精力，要在与他人协作的领域（比如商业）取得出众的事业成就，几乎不可能。因为在与他人协作的过程中，不可避免地需要配合对方的时间、地点、行程等，需要将体能维持在高位。

当然，这并不意味着体能普通的人就无法取得事业成就。对于更需要拼创意、拼天赋的领域，体能较差的人依然有可能取得出色的成绩。

07　发现同事的可爱

在很多职场电视剧里，同事之间讲话经常"阴阳怪气"，所以有些涉世未深的观众就会认为职场就是尔虞我诈的，并且有意无意地模仿电视剧里的人讲话，这其实是对职场沟通的一种误解。

电视剧是影像艺术作品，需要通过演员的表情、戏剧化的台词来传达剧情，所以会有一定的夸张成分。作为普通人应当知道：电视剧中的剧情只是虚构的故事，而不是现实。在现实的职场中，人们很少会不阴不阳地讲话。大家低头不见抬头见，待人礼貌、客客气气才是基本操作。

想要了解现实，在岗位上虚心向领导和同事学习，是必不可少的。

与电视剧中的角色对同事阴阳怪气的态度相反，现实里要想在职场上走得顺，需要发自内心地尊重同事。有些小伙伴对同事的评价比较苛刻，认为这个人没能力、那个人很无趣，即使是腹诽，也会影响自己在单位里的境遇。因为腹诽会将情绪带到言谈举止中，同事一定能捕捉到。

要尽量发现同事身上的优点，这样一来，同事对你的感觉也会好很多。这是一件奇妙的事：明明是你试图去发现他们身上的可爱之处，但他们会觉得你变得更可爱了。

08　全职太太重回职场

大学毕业后，多数女性会选择先进入职场，看看自己能不能闯出一片天地。少数女性则以家庭为重，刚毕业就结婚，然后在家做全职太太。

这两条路径没有高下之分，但行至中途，可能会出现意外，总有人走到一半想反悔，想跳到另外一条路上去。

比如，当了很多年职业女性的人，突然辞职回归家庭做全职太太，或成为自由职业者。再比如，当了很多年全职太太的人，因为感觉失去自我，于是决定重回职场。

不过，对于从职场退出的女性来说，尽管她们常常会觉得生活一下子轻松了，没多久又无趣了，但这些变化比较容易慢慢适应。而对于全职太太重回职场，这种挑战就比较大了。

一毕业就直接工作的女性，接触过更多的职场人、职场事，情商得以在这一过程中逐渐提升。而从来没有工作过的女性，由于接触外界较少、没有体验过真正的职场交际，因此可能难以锻炼情商，对职场人士之间的边界、开会时的言外之意等都难以觉察。她们能做到对家庭成员温柔，但与家庭成员相处，和与其他身份、阶层的人相处，难度是不一样的，感觉也是不一样的。

全职太太对家庭的贡献毋庸置疑，但她们基本不用面对复杂的职场关系、客户的刁难、项目的大坑。而事实上，工作中很艰难的一部分并不是干脏活累活，而恰恰是应对复杂的局面。这些难处，全职太太基本可以避开。

所以，对于从未工作过的全职太太而言，若想重新进入职场，一定要做好心理准备，应对各种职场上的难题。不过，如果曾经有过工作经历，只是回归家庭几年后重回职场，那么适应起来就会相对快得多。

总结来说，还是建议年轻女性先在职场历练几年，这对修炼情商、锻炼应对复杂局面的能力大有裨益。后面即使想做全职太太，或想从全职太太重回职场，也更容易适应。

09　一个宋朝中年人如何实现职场翻盘

中年人如何延续职业生涯、保住体面工作，这是近年来备受关注的话题。

中年人的体能和精力不如青年人，很多人学习新知识的能力也有所下降，容易被用人单位视为"不够新鲜的血液"。即使是那些保住了体面工作的中年人，在后面的工作中，争取上升机会的可能性亦相当有限。

不过，即便现实残酷，也总有中年人能在逆境中突围，比如宋朝的童贯。

著名历史学者、《帝国政界往事》的作者李亚平认为，宋朝奸臣童贯这个人的经历相当传奇且复杂。

这个人物没有理由被漫画化、脸谱化为一个小丑的模样。事实上，如果不带偏见地翻检一下历史记载，我们会发现：在公元1127年的悲剧发生之前，将近二十年时间里，童贯肯定曾经是我们帝国的骄傲与荣耀，代表了那个时代相当一部分人的光荣与梦想。

童贯的职场前二十年，没有得到领导的赏识，默默无闻。直到48岁这一年，宋徽宗登基，派他前往杭州收罗字画。这是一个地位低但油水多的肥差，童贯并没有满足于仅捞好处，而是将这个工作转换成了投资未来的机会。

徽宗入继大宝时，童贯已经四十八岁。这个年龄，正是人生经验、阅历、精力臻于巅峰之际。徽宗以内廷供奉官的名义，派他到杭州设明金局收罗文玩字画，第一次为他打开了上升的通道。

一般说来，内廷供奉官大体相当于皇宫的采购供应处长，并不是一个多高的职位，却是一个很有油水的肥差。童贯没有满足于捞取好处，他对这次机会的利用，称得上老谋深算、意味深长。

在杭州，童贯与贬居此地的蔡京过从密切，朝夕相处。童贯特别热心地按照自己对皇帝的理解，指点蔡京创作了一批深受喜爱的书画作品，经过童贯源源不断地送到皇帝手中。回京后，他又出手极为豪爽地向宫中妃嫔、曾经预言赵佶能够当皇帝的道士、皇帝身边的近臣和另外深得皇帝信任的宦官梁师成之属馈赠厚礼，为蔡京回京打通了关节。

据说童贯的几个心腹徒弟十分困惑，不明白师父为何如此热心地帮助一个贬居外地的倒霉蛋。童贯告诉他们："现任的宰相没有人把我们放在眼里，巴结起来即便不是没有可能，也会极其费劲；如果看准了，通过我们自己的力量，扶起来一个宰相，那就完全不同了。"

事实证明，童贯烧冷灶的眼力与功力全部超一流。不到一年，蔡京便三级跳似的坐到宰相的位子上了。这一点对于童贯具有深远的意义。（《帝国政界往事》，李亚平）

童贯穿针引线，做了被贬的蔡京的书画经纪人，将蔡京的作品送往宫廷取悦宋徽宗，又将宋徽宗身边人都仔细打点了，成为蔡京复出的幕后操盘手。这些操作都需要对人情世故有透彻的认知，毫无疑问，这是中年人童贯前半生积累的财富。

后来，蔡京荣登相位，投桃报李，推荐童贯担任西北监军。童贯本就具有军事才能，打赢了多次胜仗，后主持枢密院，拜太傅，一度位极人臣。

童贯并没有将采购视为"好不容易在职场熬了二十年，一朝能搞钱，一定要下狠手，狠狠搞钱"的肥差，而是能清楚地知道"这是职场晋升的关键机会，应该抓住机会为下一阶段铺路"。

如果童贯做采购供应处长，一味从肥差中捞好处，又能捞多少好处呢？利用好差事的便利，投资下一个人生阶段，才会有后来的传奇。

第三章

弈局：择偶之道

选择合适的人生伴侣并不容易。婚恋市场上的竞争者很多，自己会选到什么样的人？和什么样的人接触最后"落地"的可能性更高？在什么时机出手，成功率更高？在什么样的地域入场得到的结果更好？这些都是择偶时常见的问题，也透露着婚恋中的门道。择偶如同一场弈局，想要获胜，既要看手中的棋子如何，也要看棋手的棋艺如何。

01   亲密关系稳定的逻辑

亲密关系要想稳定，并不一定得"一方吃亏，另一方占便宜"，即俗话说的"一方持续当镰刀，另一方持续当韭菜"，而是双方都有一种体验：跟对方在一起，谁也没有额外"割肉"，但双方却都过得更好了。

英国历史学家本·麦金泰尔在纪实文学作品中对冷战时期的双面间谍奥列格·戈尔季耶夫斯基进行描述，将其第一段婚姻描述为基石来自"共同的抱负"。

苏联男特工要想被外派到西方国家，只有"已婚"才能实现，而理想中的妻子最好是一位懂德语的女士，这样方便他被派往德国；女教师"梦想摆脱和父母及五个兄弟姐妹一起住在拥挤公寓里的生活"，而结婚能帮她实现这一点。

克格勃对雇员的家庭状况十分关注，因为在苏联不存在个人隐私。员工应该结婚、生子，维持婚姻关系。这样做是出于控制员工的考虑：一名已婚的克格勃雇员在国外不太可能叛变，因为如果变节的话，他的妻子和家人都会沦为人质。

工作让奥列格感到厌倦和沮丧。一份许诺冒险和刺激的工作却变得极端单调。他在西方报纸上看到的世界，似乎变得可望而不可即。因此他决定结婚。"我希望尽早出国，但克格勃从不会派未婚的人出国。我急于找到一名妻子。"一名会讲德语的女性将是最理想的，因为这样一来，夫妻二人可以一起被派往德国。

叶莲娜·阿科皮安（Yelena Akopian）当时正在接受培训，以成为一名德语教师。两人在一位共同的朋友家里见了面。在他们之间擦出火花的不是激情，而是共同的抱负。和奥列格一样，叶莲娜也渴望出国，梦想摆脱和父母及五个兄弟姐妹一起住在拥挤公寓里的生活。

他们开始交往，根据奥列格后来的回忆："我们当时都没有进行多少真正的思考或自我审视"。几个月后，二人低调完婚，理由并不那么浪漫：与叶莲娜成婚能增加奥列格的晋升机会，奥列格则可以帮助叶莲娜离开莫斯科。这是典型的克格勃式功利婚姻，尽管双方都不承认这一点。

1965年末，奥列格终于等来了机会。克格勃创立了一个在丹麦运作的非法特工岗位。奥列格的工作是管理克格勃在丹麦的地下间谍网络。他欣然接受了这项任命。

奥列格和叶莲娜在1966年1月的一个雾天抵达哥本哈根，并由此进入了一个童话般的世界。（《间谍与叛徒》，本·麦金泰尔）

认识几个月后，这两位怀有"共同的抱负"的年轻人结婚，并且等到机会一起被派往丹麦。结婚让他们双方都得偿所愿，如果不结婚，双方可能都无法实现各自的人生目标。为什么"对方不吃亏，自己也不吃亏"的模式能存在？因为结婚这件事并非只影响男女双方和双方的家庭，还有似乎虚无又无所不在的社会心理、伦理与道德。比如，普通人结了婚，单位领导便会认为这个人愿意承担责任、更靠谱，由此愿意培养他，这种社会心理因素广泛存在，而这只是其中一个益处。

不同人的利益出发点是不一样的，如果能在不损害个人利益的前提下满足另一个人的利益，那么找对象就会相对容易，且双方的关系也会相对稳定。找对象的关键，就是找到两个人之间"共同的抱负"。

02　高手的择偶方式

普通人择偶靠"试"，类似于"摸着石头过河"，遇到一个有感觉的人就去碰碰运气，并随时根据对方的反馈来调整自己的预期和判断。

高手择偶靠"算"，结合社会环境、双方定位进行精密的测算，算出对方是否在自己的择偶范围内。一旦算出的结果为"是"，且自己对对方有意，就会积极行动，过程中不太在乎对方的反馈，即使遭遇拒绝也不改初心。高手并不介意追求被拒绝，只要算出对方在自己的择偶范围内，就会锲而不舍。

普通人会拿着和对方的聊天记录，或者通过叙述和对方的接触细节，请教第三方："帮忙看看他对我究竟有没有意思。"而高手对自己的测算结果坚定不移，一时一刻的"现象"并不会影响他的信心。

举一个例子。虽然很多男人嘴上说想要找颜值高的女朋友，但实际上，"不用自己出力就能有一个女朋友"（即使女朋友不是十分漂亮）比"出很大力才有可能有一个颜值很高的女朋友"，对他们来说更有"性价比"。

很多女人能看透这一点，她们无疑是高手。高手非常清楚在自己有意的男人那里，"高颜值是否为必需品"，或者"颜值达到什么程度即可"。她们可能不会一味地"卷"颜值，而是会在其他方面提升自己，与心仪的对象契合。当然，她们也会做一些常规的外形维护，让颜值始终保持在某个水平。

高手在被他人追求，或主动追求他人的过程中，会逐渐知道"哪些人在自己的择偶范围内，哪些人不在自己的择偶范围内"。这里的"范围"不仅仅是客观条件，还包括"心理欲望"。有时，两个表面完全不同的人却有着相似的心理欲望，而两个客观条件差不多的人却有着不同的心理欲望。如果没有经过测算，盲目对着择偶范围之外的人出力，则很容易在择偶过程中被短择，或被轻视。

03　聪明人不选择自己的"上限对象"

择偶中很难的一点是"精准定位"，即清楚自己的择偶区间，做到心中有数。

很多人择偶困难并非源自客观条件差，因为无论什么条件，总有能匹配的异性。但如果不清楚自己的择偶区间，将目标设置得过高或过低，就容易长久单身或频繁分手。

越能清楚了解自己的择偶区间，择偶越省时省力——你不会把大量时间用在上限之上和下限之下的异性身上；在没有遇到你择偶区间之内的异性时，你不会随便恋爱（这样也许会让你空窗一段时间，但会保留你对恋爱的触觉敏感度）；你没有鸡肋的情感关系问题需要解决；一旦遇到择偶区间内的异性，你会较为顺利地与其结成正缘。

那么，如何拥有精准确定择偶区间的能力呢？

大量实践是一个方法。大量实践的意思不是去谈很多段恋爱，而是多与异性接触，通过搭讪、追求、表白、接触等，知道能与自己双向奔赴的异性大概具备何种特质。

但大量实践有前置条件。首先，要身处能大量接触异性的环境，接触到的异性越多，对于判断就越有帮助。其次，对当事人的魅力、主动性和心理素质有一定的要求，起码要具有能让他人主动搭讪的魅力，也要能主动与他人搭讪，并有不怕被拒绝的强大内心。

大家必须知道一点：通过大量实践来获得精准确定择偶区间的能力，需要有"足够的数据"，靠量变引起质变，否则，那些零散的、凌乱的经历只能让当事人在择偶过程中时而自卑、时而亢奋。

对于普通人来说，大量实践这个方法虽然好，但可行性较低。相比之下，更可行的方法是理性分析。

理性分析首先要看自己是不是在所在环境中处于有利地位。一个人在不同的环境中，其优势也是会改变的。比如同一位男士，其在家乡就有作为当地人的优势，但去了外地、海外发展就丧失了这种优势。

理性分析还要在遇到一个合眼缘的异性时，从各方面来看两个人是不是般配。对方是不是在自己的择偶区间内？如果在择偶区间内，是更接近上限还是下限？

婚恋的复杂之处在于，客观条件不是全部要素。很多人希望能找到接近自己择偶上限的人，觉得这样才不算亏。我的看法是，人不一定要找位于自己择偶上限的那个人，因为在这种心态下，人会患得患失，总觉得眼前的选择还不够好。即使真的遇到那个"上限对象"，往往也会发现，和他在一起的恋爱体验很差。因为他深知自己是对方的"上限对象"，所以在行为上可能会有恃无恐。

相反，和位于择偶区间内但并非择偶上限的对象恋爱，往往会得到很好的恋爱体验。因为对方知道你愿意放弃找寻"上限对象"而跟他在一起，所以愿意用更好的恋爱体验去补偿你。

很多人天真地以为，只要恋爱就能自动获得梦幻般的恋爱体验，实则不然。来自伴侣的温柔体贴，很多时候是对方心怀感激的情绪回报。从性价比的角度来讲，选择一个客观条件处于自身择偶区间中段但恋爱体验更好的对象最有"性价比"。

当然，也不能盲目追求恋爱体验，即便对方客观条件跌出择偶区间下限也毫不介意，这是另一种常见的悲剧，也是情感诈骗的重灾区。

04 年轻人的婚恋牌面

不可否认，婚恋中虽有缘分等感性因素存在，但也有一定的竞争性，如同牌局一般。并不是坐等缘分天降，就能等来一个理想的伴侣。要想在婚恋中收获好结果，适当根据自身牌面打出合适的牌，是一种重要策略。

年轻人在婚恋市场中的牌，从效用角度来说有三种：确定牌、半确定牌、变动牌。

确定牌，指的是终身不变的条件。

一个人的第一学历是确定牌。如果有人第一学历很好，那么他就可以在婚恋中营销自己的第一学历。

一个人的身高是确定牌。如果有人在身高上很有优势，并且遇到对身高要求较高的心仪异性，那么他就可以营销自己"个子高"。

一个人的原生家庭、父母"荣誉"等也是确定牌。家庭财富会有涨跌，但"荣誉"往往伴随终身。出身比较好的人，可以在择偶过程中营销自己的原生家庭。

　　半确定牌，指的是会在可预期范围内缓慢发生变化的条件。

　　一个人的颜值是半确定牌。人的颜值在青年时期会达到顶峰，随后缓慢下降。没有人能永葆青春美丽，但这一衰减过程缓慢且人人知情。

　　一个人的财富是半确定牌。在不考虑极端情况时，只要辛勤工作、踏实肯干，财富一般都会慢慢增加，当然也不排除投资失败的情况，但整体来讲财富变化幅度不会过大。

　　变动牌，指的是在短期内会有剧烈变化的条件。

　　比如，有很多人吃到所在行业的短期红利，一下赚到了快钱；或者误打误撞进入一个新行业，突然成了资本追逐的富裕行业的先行者。这种情况的后续发展很难说，这些人也可能迅速被人遗忘，这种就是变动牌。

　　变动牌不一定会在迎来高光时刻后消亡，也可能会持续发展并转为半确定牌，抑或是积累数年以后实现进阶并成为确定牌。

　　以上就是择偶中三种牌的大概情况，那么，择偶时该如何打出自己的牌？

很多人本能地觉得要"突出自己的优势牌，回避自己的弱势牌"，结果往往与自己的预期大相径庭。比如，一个女生，优势在于颜值高，弱势在于家境差、创富能力差，如果她努力突出自己的颜值去择偶，认为自己配得上"高富帅"，能力差也没关系，那么结果往往就是频繁被优秀的男生短择。再比如，一个家境优越、颜值一般的女生，如果择偶时刻意突出自己家境优越，那么结果往往会被居心叵测的男生给盯上。

有一定心机且道德水平较低的人，会拿自己的"变动牌"当"确定牌"去打。比如，有些人会将投机取巧赚风口钱的经历包装成靠着极强的创富能力赚到了人生的第一桶金，这会让择偶对象不明真相地产生好感，甚至崇拜情绪，进而在感情中迷失。

这种情况以前高发于男性身上，近年来也常见于女性身上。通常剧本是"虽然家境一般，但女孩子本人创富能力很强，年纪轻轻就年薪百万"。事实上，高薪是真的，却不是因为持续创富，所以并不持久。这些女性自然绝口不提几年以后就不会存在这等高薪的情况，只是一味展示

"20多岁就能如此优秀"的人设，以在激烈的婚恋竞争中被"高富帅"看见。

将"变动牌"当"确定牌"打，如果一心短择异性，则成功率往往不低。不过，如果渴望长择，那么这样包装将很难"骗"到聪明人。

上面提到了多种错误的打牌方法，那么如何打牌才是对择偶真正有利的呢？

答案是先确定自己的择偶区间，衡量择偶目标对象可能看重哪些牌，再把自己能打的对应确定牌和半确定牌打出来。那些择偶目标对象不需要、不看重的牌，就没必要打出来了。

05　婚恋里"时机"的含义

婚恋里的"时机"，通常指的是两个与时间有关的概念：一个是现实世界的年份，一个是当事人自身的年龄。

比如在2016年、2017年的大环境下，乐观情绪蔓延，很多人认为自己有大好前途，因此非常自信。而2023年是大环境紧缩的年份，人们对于自身前景的预期普遍也有所调整。

预期自己将来有着不可限量的前景，投射到婚恋上可能会形成"不着急定下来，将来事业上一个新台阶，还有机会遇到更好的异性"的想法。反之，预期自己将来不仅不会事业发达，还可能遭遇阶层下降，那就会倾向于抓住现在能抓住的婚恋机会。

比如，对于男人来说，35岁是一个微妙的年龄。35岁不算老，但也不能再卖"潜力"估值。20多岁、30岁出头的男人，即便事业平平，也有一定的概率"娶得好"，因为他们具有"潜力"估值。

女人也一样。青春是一种强大的力量，很多女孩子人生的地位巅峰就是在青春时期，那时候的她们有着相对体面、相对高薪的工作，面对异性也有着较高的话语权。

公元1002年（即宋真宗咸平五年），参知政事王旦家中一片哗然。因为最近的科举考试刚结束不久，王旦便突然宣布，他有意将长女许配给一位名叫韩亿的新科进士。

　　王氏族人都颇为震惊，固然此女婚事长期悬而未决，但正是王旦本人拒绝了众多名门盛族的求婚。如今他竟提议要把她嫁给一个家世不甚显大，而且还带着孩子的鳏夫。即便韩亿能在竞争激烈的科举考试中脱颖而出，但王氏族人一向视此女为掌上明珠，他们还是希望看到她能嫁入"大家著姓"。

　　然而，王旦主意已定，他坚决打断了族人们的吵嚷异议："此非渠辈所晓知也。" 于是，王小姐便成为韩亿的新娘。（《权力关系》，柏文莉）

位高权重的45岁参知政事（副宰相）王旦，力排族人众议，将长女许配给30岁的韩亿，不在乎韩亿家世相对低微还带着孩子。究其原因，作者柏文莉认为"王旦被准女婿学问上的潜质所吸引"。

事实上，王旦的风险投资得到了高回报。韩亿此后逐级上升，终拜谏议大夫、同知枢密院事、参知政事，以太子少傅致仕，一生荣华。

并不是每一个被宋朝宰相看中的新科进士，都能靠着岳父的支持在日后飞黄腾达，中途折戟者大有人在。在位宰相从新科进士中选出一个家世普通的后生进行投资也是非常有风险的，不然王氏族人也不会集体反对。

30岁的韩亿靠着自身"潜质"，得到了王旦的青睐，由此得到了仕途上的重大助力。如果不是靠着"潜力"，很难想象他能娶到正二品大员之女。这就是当事人靠着自身年龄优势得到的机遇。

普通人很难控制外部世界的变化，但如果正好赶上对结婚有利的年龄，那就要抓住时机。除了看年龄，还可以根据自身和家庭在不同阶段的处境来判断是否为结婚的好时机。

一般来说，女人"在校期间""刚工作的时候"都属于恋爱、结婚的好时机，除了正青春、颜值处于巅峰、年龄适合生育等，还因这个阶段不需要背负太多的事业成就而不必被人打"事业分"。计算个人条件得分时若只考虑家境、学历、年龄、颜值，而不必考虑事业，则会让大部分人显得比若干年以后的自己条件要好得多。

职场晋升是一轮轮淘汰赛，且很多时候悄无声息，身在其中者或许很久之后才能回过神来。职场早期的赛事颇多，输掉一两场还有可能赢回来，不耽误职场进阶。但到一定阶段以后，如果还没明显提升，那么职场翻盘的机会就很小了。在这个阶段择偶，就会显得自身条件很一般。

不过，需要注意的是，这并不代表女人就必须早早结婚。对于严肃的婚姻来说，还是要等自己三观成熟、经历过必要的社会磨炼后再考虑。

而对于大多数男人来说，择偶的最佳时机是"工作3~8年"期间。男人在校期间大多只是普通学生，刚工作时也很难有突出的业绩以证明自己。几年后，进入"工作3~8年"期间，往往会凭借体力优势、脑力优势获得一些成绩，阶段性证明自己"有为"，为职场的下一阶段提供更高的估值。

错过这个时间段，并非对每个男人都乐观。接下来的职场赛事里，固然赢者的身价会愈发高贵，但那个人未必是自己。如果不能拥有一定的作为，就会处于相当被动的境遇。

讲了自身不同阶段提供的婚恋时机，下面来说说家庭为个人婚恋提供的时机。

如果想要得到家庭的加持，那么"父母在职场上混得风生水起的时间段"可能是子女恋爱、结婚的好时机。反之亦然。

我有一个女性会员，早年她父亲生意好，又赶上房地产红利，于是积攒下5000万元净资产。但最近两年大环境不好，房地产行业生意难做，她父亲顺势选择退休。这间接导致她在婚恋市场上陷入被动。她在知识星球社群内说道：

> "我妆后6.5分，身材苗条，在一线城市体制内做行政工作，税后年收入18万元，工作轻松。早年父亲生意还可以，又赶上房地产红利，目前在一线城市的房产资产达到5000多万元，且无任何贷款。但这两年生意不大好，为了避免亏损，父亲已近乎退休，母亲为家庭主妇。家里有现金小几百万元，为了安全都存银行了。除自用房外，其他房子都租出去了。现在的我就要27岁了，但婚姻大事还没定下来，我的疑惑如下：
>
> 现任男友，29岁，长相6.5分，耐看，目前从事金融行业，年薪38万元，工作忙碌，我们一周见

面一次，在一起已有一年时间了，节假日他会送我一些小礼物。他父母做生意，资产估计有大几千万元。目前他没有任何结婚打算，我们都没去过对方父母家，临近春节我向他提出见见父母，他却以还不到时候为借口拒绝了。双方父母明明都在同一座城市，他却不让走动，这使我怀疑他的诚意，也使我焦虑。男友情商非常高，城府颇深，而我性格比较软弱，我们到底能不能走下去呢？"

"家产半亿"这张牌，在不同的时机打，产生的效力也不同。如果父母处在事业红火期，还能持续实现家产增值，那子女的选择就会很多，否则就会有些被动。最理想的情况是，个人处于婚恋的最佳阶段，家庭也恰好处在为子女提供婚恋时机的黄金阶段。

06　婚恋里"近"的优势

有很多年过30岁甚至35岁的名企女金领，虽然常年处在高压工作下难以与年轻小姑娘比拼朝气、活力，且不太懂得撒娇卖萌，但日常却总有机会得到高素质男性的追求。

原因何在呢？她们的男同事们一语道破：因为她们刚好在那儿。

"刚好在那儿"的视角是那些高素质男性的视角，他们能在日常的工作、应酬中刚好见到这些优秀的女性，如果还能被吸引，他们就会展开追求。

这就是"近"的力量。

除了距离上的"近"，还有一种接触关系上的"近"，那就是"已经很熟悉对方""已经在接触"。对于双方来说，都无须额外付出接触新对象的成本，避免了可能的伤害。

明时期叠山赏石已成风气，社会上从来都不缺附庸风雅的行为。作为一名职业园林设计者，计成批评了当时的人用石推崇花石纲、旧石和太湖石的做法，认为他们不惜重金购石是舍近求远。

计成认为，随处可得的黄石最适宜叠山，要遵照山水画的笔法和黄石的纹路进行堆叠："小仿云林，大宗子久。块虽顽夯，峻更嶙峋，是石堪堆，便山可采。"材料虽然粗笨，但经过巧手堆叠，仍能显出险峻突兀的山势。（《园治》，计成）

黄石未必是最好的石材，但园林大师计成推崇黄石，其中一个重要原因是"近"。在他的家乡江苏，到处都有黄石，无须跨越千山万水花费重金去别处求购。

有些人在和异性接触时，总担心自己不是最好的那一个，可能会被他人替代。其实不用太担心。如果这时候来了一个条件远远超过你的竞争者，那你可能胜算不大；但如果竞争者的条件只是比你略高，而你又占据着一个"近"的优势，那依然是你胜出的概率较大。在有"近"优势的婚恋中，大可不必感到患得患失。

07 婚恋市场上不只看优秀

"你若盛开，蝴蝶自来"是一句美好的祝福。在婚恋领域，这句话通常指向——你只要成了优秀的人，自然就不缺异性喜欢。这句话有没有道理呢？当然有！因为人都喜欢优秀的异性。

而在现实中，这句话却常常被误用。很多人拿"你若盛开，蝴蝶自来"来安慰自己，觉得不用主动社交，只要自己是优秀的人，自然会有人寻着"香气"而来，靠近自己、追求自己。还有人认为，花时间和精力主动社交太麻烦，会影响自身的事业发展。

可问题在于，如果不主动社交，只是待在自己的小圈子里原地不动，那要达到"蝴蝶自来"的境界，就需要自己足够优秀，以至于可以破圈，比如能让大大小小的媒体争相报道，或者成为业内传奇令人们口口相传你的成就。不然，倘若只是普通优秀，达不到让人们传播你的成就的程度，自己又不肯主动社交，那么你的那点儿优秀就无法吸引到他人，即"你虽优秀，却没人赏识"。

很多自身很优秀但却找不到对象的人为此感到疑惑，那是因为还没有优秀到坐在家里也能引人追求的程度。

不花时间主动社交不仅会导致缺乏认识异性的渠道，还会失去练习"察言观色""圆融周全"这些人际交往技能的机会。

在主动社交的过程中，你需要跟不同的人打交道，让不同的人接纳你，所以这也是一个不停锻炼人际交往技能的过程。这一过程固然会遇到挫折，你可能会遇到性格不好的人、嘲笑你的人，也可能付出很多热情却得不到任何回报。但这些挫折都是成长的养料，不经历这些挫折，你就很难练就"人情练达"的本领。

一个积极主动对外社交的人，由于得到了人际交往训练，因此在遇到心仪的异性时，通常能给予对方舒适的相处体验，也就是俗话说的能"接得住"这份缘分。

给予对方舒适的相处体验并不属于情感领域内的作弊，而是真实的精神付出，一个能做到"主动社交"且"给予对方舒适相处体验"的人，在婚恋中往往会获得好结果，这是他们应得的。因为主动社交能给对方带来"低成本认识异性"的好处，让对方可以不用跋涉千里、四处寻觅；给予舒适的相处体验能让对方精神愉悦，若客观条件也符合对方的需求，那这就是美满姻缘的开始。

婚恋中固然有"一见钟情""看对眼"等感性的部分，也有"年轻有为""事业有成""家境优渥"等对客观条件进行比较的理性的部分，但维系感情更多的是看相处感受，即你能给对方提供什么，而不是看你自身有多优秀。

08 婚恋里的特型人才

婚恋领域存在"通用型人才"和"特型人才"。

有的人，论条件和品性，一看就是毫无争议的好人，这些人在黄金择偶期对多数异性都有很强的吸引力，这就是通用型人才。

而有的人，乍一看在婚恋市场上似乎不怎么有竞争力，但只要找准定位，在特定赛道里几乎就没有竞争对手，可以吸引有特定喜好的异性，这些人就是特型人才。

有的读者可能会问："是不是因为这些人虽然整体条件不出彩，但长板特别长呢？"这个说法有一定的道理，但是不严谨。准确地说，应该是因为"刚好适合"。下面我们以非常常见的"沪杭贤婿"赛道为例，对婚恋里的特型人才进行说明。

沪杭贤婿的核心除了包括获得女孩子的青睐，还包括得到岳父岳母的认可，且这一点非常重要。

一个男士若恋爱经验很少，那么在争夺女孩子喜欢的赛道里恐怕会因为笨嘴拙舌而处于下风，但做沪杭贤婿，可能反而会被认为情史简单，进而获得岳父岳母的信任。

在学历方面，有名校学历者有优势，这样的男士有一定的学习能力，能让岳父岳母感觉，女儿跟着他，未来有前途。在自家繁盛之时获得一位能创造增量资源的贤婿，能为全家的好光景"续命"。

沪杭有实力的岳父岳母，大多并无靠山，家产和地位全靠辛苦经营获得，因此很有危机感。即使女儿本身很有出息，也希望女婿能创造增量。俗话说"搭班子"，女婿也是"班子"中的重要一员。只要女婿是潜力股，他们就愿意接受对方家境不如自家，也愿意为小两口提供一定的结婚支持。

在性格方面，温和、家庭观念重的男士有优势，老一辈人几乎都很喜欢顾家的后辈。

在原生家庭方面，江浙沪体面家庭之子有优势，不管是在家境还是生活习俗上，都能得到岳父岳母的认可。

后晋的开国之君石敬瑭，就是贤婿，也是贤婿中的顶配——天子贤婿。石敬瑭的父亲是一名将领，他本人有着骑射天赋，帮助皇帝解决了多次重要危机。史书对他性格的记载是"性沈澹，寡言笑"。可以看出，能被天子选中做贤婿，原生家庭很重要（父亲是将领，有信任背书），自己也要有真本事（军事才能），要有一定的功劳成绩。

石敬瑭的父亲臬捩鸡是一位弓马娴熟的骑士，也是李克用军中的一名将领。敬瑭开始是庄宗手下的将领，后来又成为明宗的下属，他曾经在不同的战场上分别把这两位皇帝救出险境。《旧五代史》把敬瑭描绘为一位善射的骑士，这种天赋在冷兵器时代是有可能成就伟大的军事家的，而他的性格则是"性沈澹，寡言笑"。

他的时机感极其敏锐，这让他在沙陀统治中国的混乱历史中处于十分重要的地位。在同光四年促使李嗣源谋反的魏州之变中，他扮演着重要的角色。明宗即位后，敬瑭在天成二年率兵镇压了朱守殷在开封的叛变，长兴元年又率军攻蜀，这两件都是明宗统治时期最重要的国内危机。

三年之后，朝廷派他镇守北方边疆，当时契丹正蠢蠢欲动，对后唐构成严重的威胁。明宗朝后期，从长兴二年至长兴三年，敬瑭被委任为六军诸卫副使，再次证明皇帝对他的信任。

石敬瑭的妻子是明宗的长女，这更进一步加深了他们的关系。明宗有十六个女儿，但只有五个被册封为公主，当中起码有三个在他驾崩之后还活着，这让他的女儿成为他在政治联姻中的稀有资源。

敬瑭留在京城时，明宗时常到他府上做客，这其实也能反映他们之间亲密的关系。敬瑭后来建立了自己的王朝，是为后晋，如果没有明宗十几年来的亲身指导，他的这一成就是难以想象的。（《从草原到中原》，戴仁柱）

石敬瑭娶了公主，从此和皇帝之间不仅是君臣关系，还有了翁婿关系，靠着这一层私交，他得到了皇帝的亲自指导，为后来创立自己的王朝奠定了基础。

倘若不做贤婿，石敬瑭可能是一位优秀的将军，但很难具备"人主"的视野。后世对石敬瑭的丰功伟绩有道德层面的争议，他的事业并非没有瑕疵，但对于他因与岳父搭班子才得以建立自己的王朝这一点无可置疑。

普通人做贤婿自然不可与石敬瑭相比，但有一些内在规律是相通的，那就是做贤婿这个过程为当事人创造了"二次教育"的机会，而能不能获得这个机会并接住岳父的指导，就要看当事人是不是特型人才了。

09 "欢喜流"的魅力

有一种女孩子，看似各方面条件都很一般，但只要她展现一种特质，就可能遇到奇迹、接住奇迹。

这种特质叫"欢喜流"。

在一二线城市的婚恋市场中，家境、学历、工作、颜值等"牌面"拥有重要权重，千千万万个女生都基于牌面和牌技进行博弈。牌面当然要好，牌技也不能拉胯，但在两者都尚可的情况下，向上发挥的空间将十分有限。

能把牌打出花儿的，有真心付出的"保姆流"，有靠着颜值一骑绝尘的"天女流"，也有更换城市、更换定居国家的"跨地域流"。而"欢喜流"，是一个特例。

这类女生天生自带欢喜气质，让人看着就感到愉悦，她们并无瞬间激发异性激情的震撼力，也无让同性看了自愧弗如的明艳感，但有着让男女老少见之心情舒畅的恬淡感。

"欢喜流"女生身上很少有负能量，与世界相处融洽。即使身处逆境，她们亦不会自怨自艾。

在描述过往情感经历时，她们语气平和，不诋毁、不悔恨。一旦发现没有和对方长期发展的可能，就会果断分手，不耽误彼此的时间，这种做法有态度、有礼貌、有自尊。

在描述自身情况时，她们充满感恩，可能会说："我运气挺好，考进某985大学，毕业之后顺利进入一线城市大厂做运营，没有太强的物欲，因此觉得过得挺不错！"这比那些年薪50万元但总"感觉自己贫穷"的女生讨人喜欢，因为那些人总给人一种装腔作势、制造焦虑的感觉，难以让人产生好感。

"欢喜流"女生外形可爱，没有骄矜之气；人很机灵，学历通常还可以；喜欢孩子，不逃避生育；热爱工作，一点儿都不畏惧工作压力，这一条极为重要。

我曾见过一个"欢喜流"女生，按照婚恋市场的标准来讲，以她的条件，回到省会城市嫁中产都难，但她最后在一线城市嫁给了"青铜雅男"，丈夫和公婆都视她为珍宝。如果说她有什么特别，那就是谁见了她都会感觉欢喜。

"欢喜流"女生的魅力来自何处呢？也许是因为她们对自己有很强的"控制力"。

正是在这一瞬间，她身上起了奇妙的变化，令阿辽沙惊讶不置。刚才那个可怜的、感情扭曲的、受到伤害的姑娘不见了，取而代之的是一位女性完全能控制自己，甚至在某一点上感到非常满意，仿佛发生了什么一下子令她兴高采烈的事情。（《卡拉马佐夫兄弟》，陀思妥耶夫斯基）

若一个女人情绪不稳定、戾气重、怨念深，则意味着她对自身不满意，她的情绪已几近失控。相反，若一个女人时刻情绪稳定、常常欢喜，则意味着她能完全控制自己的情绪与欲望。周遭的人自然都喜欢一个能自控的女人，他们会觉得"这姑娘让人放心"。

> 一匹马无论多强壮，只有被戴上马嚼子，由骑手握住缰绳，才能成为被有效控制的原动力；只有配备优质的挽具，才能拉战车；只有背负鞍座、配有马镫，才能被用于武装战斗；只有配备了舒适的轭，才能提供强大的耕地能力。只有当不同体形的马匹之间不平衡的拉力被马车横木平衡之后，它们才能成为一支高效的马队。
>
> 缺乏适当的控制，可能使优秀原动力的表现大打折扣。（《能量与文明》，瓦茨拉夫·斯米尔）

缺乏控制力的人，即使客观条件不差，也会给异性带来不太好的感受。而那些对自身有控制力，又可以将其他优势稳定发挥出来的人，常常会得到他人的青睐。这就是"欢喜流"的魅力。

10　一线城市择偶难的解法

相当一部分女生，在一线城市的大厂上班，拿着30万元以上的年收入。可不管她们如何在颜值、身材、烘焙、厨艺、提供情绪价值等方面做出提升，都难以在择偶上拿到理想的结果——因为上述提升均关注"一域"，而非"全局"。

颜值、身材、烘焙、厨艺等方面，都属于"个人软素质"，有所提升当然好，但对于多数大厂女员工和她们想要的对象来说，加分不多。外形气质受限于先天素质和个人财力，花钱可以变美，但要美到让人脱离原来的圈层几乎无可能，比如，要想和网红、明星进行外貌竞争，不是靠打扮一下就能做到的。

提供情绪价值比较复杂，包括"进攻"和"防守"。进攻即赞美对方、鼓励对方，这方面比较容易习得；防守即在对方做出让自己生气的事时仍能忍让、不发脾气，甚至理解他的难处，这一点，可谓知易行难，又是一场修炼。

很多女生在提供情绪价值上的提升，主要还围绕"进攻"进行。会撒娇、会表达爱、会给伴侣提供支持，只能算"略有提升"，这对择偶结果的全局影响不大。但如果"防守"技能修炼到位，则会对择偶结果产生全局影响。因为情绪稳定、同理心强的人真的不好遇到。尤其是能长久做到这一点的人，实属珍稀。

所谓"全局"，则强调了所在城市、所处行业、客观条件和个人素质等多个方面。

有些女生非常适合在一线城市生活，即便她们的全局条件不算很强，但她们在应对一线城市的生活压力与婚恋压力时，犹如网球高手面对迎面而来的大力发球，有灵活机敏的"肌肉感知力"，她们靠着"感觉"就能在很短的时间内捕捉到一个个转瞬即逝的机会。于是，她们在一线城市短短几年就跨越了阶层。

> 要想成功地击回一记大力发球，需具备人们常说的那种"肌肉感知力"，它指的是通过复杂而快速的反应系统来控制身体及其非自然伸展度的能力。英语当中有一大堆词语分别指向这种能力的各个方面：感受、触碰、形状、本体感受、协调性、

眼手协调性、肌肉感知力、优雅、控制、反应能力，等等。

为了提高少年选手的水平，锤炼这种肌肉感知力就成了我们经常听说的每日严苛训练的主要目标。这里提到的训练既是针对肌肉的，也是针对神经的。日复一日、成千上万次的击打可以锻炼出凭"感觉"击球的能力，这种能力无法通过常规的有意识的思考获得。

诸如此类的重复训练，在外行看来毫无趣味，甚至非常残酷，但是外行无法感知的是选手的内在感受——一次又一次微小的调整，以及每一次调整所带来的越来越精准的感受，即便这种感受离正常的意识越来越远。（《弦理论》，大卫·福斯特·华莱士）

我有幸认识多位这样的女生，并在她们尚处一线城市漂泊早期就与之相识。从客观条件上来看，她们似乎只是芸芸"一线漂族"中的一员，难以出头，但她们都有超越意识的、善于捕捉机会的、容易赢得他人支持的"肌肉感知力"，因此都取得了出乎意料的成果。这样的女生，天生适合在一线城市打拼，也不畏惧一线城市择偶难的问题。

当然，更多"一线漂族"既没有过人的条件，又没有"肌肉感知力"，通俗一点儿来说就是，这些女生的择偶困境可能来自"一线城市"的门槛太高，由于一些必要的客观条件缺失且弥补不上，因此很难在一线城市找到特别理想的对象。对于这样的女生，退线（回到二三线城市发展）方能改"全局"。

退线城市的选择因人而异。

如果个人能力强，那么退到强二线城市可能就会如鱼得水。强二线城市通常是经济发达省份的省会城市。强二线城市能提供丰富的就业机会、广阔的成长空间，且人才竞争和房价方面都比一线城市友好。强二线城市可能缺乏顶级企业，高级别的文化设施也不够丰富，但对于普通人定居来说，整体性价比较高。

如果个人能力稍逊，则可以考虑"三线省会城市"。省会城市和二线城市并不是等同的概念。二线城市实力仅次于一线城市，依然可能存在考编压力大、婚恋竞争激烈等问题；而大部分三线城市不是省会城市，生活压力虽小，可优质工作、优秀青年都不多。

能同时符合"三线城市"和"省会城市"这两个要求的城市，刚好落在这样的区间：有一定数量的优质工作，有一定数量的优秀青年，但就业和择偶的竞争又都不过分激烈。

退线城市选择可以遵循这样的视角：在城市实力、行政级别与自身禀赋之间找公约数，而不是单纯地看城市排名，甚至只看城市宣传片或游客视角的宣传物料。

退线的年龄也要注意。普通人如果想退线，那么最好在27岁前完成。20~30岁的前半段有过一线城市的学习和生活经历，积累了见识，如果感觉自己应付不来一线城市的节奏，那么就要在后半段考虑转型。

职场和婚恋市场都存在"抢坑位"这件事。一线城市整体坑位多，所以容易让人产生"多晚都没关系，总有人很晚才占上好位子"的错觉。实际上，就算是在一线城市，好位子也得趁早抢。那些有"肌肉感知力"的女生，最快在来一线城市半年内就能知道自己行不行，慢的在两年内也会感知到。至于低线城市，对"抢坑位"的要求就更加严格了。

最后我们来谈一个关于退线的常见困惑。有些人可能会认为自己明明有能力定居一线城市，如果只是为了解决择偶难的问题就退线，是不是可惜了？实际上，退线后还能过得好的人，并不是"在一线城市待不下去只能退线"的人，而是"有能力定居一线城市，但退线后整体生活幸福感更佳"的人。

11 "国境线升降机"概念

"国境线升降机"是我在多年前提出的一个概念。当时我发现，很多在国内一线城市择偶艰难的女士，到了海外以后受欢迎程度暴涨，恋爱对象的质量直接高了好几个档次，且恋爱过程舒适，最后顺利结婚。这种奇迹，如同踏上了升降机。

从提出"国境线升降机"这个概念到接下来的几年里，我又遇到很多这类案例，都在佐证"国境线"带来的神奇效力。

有一位名校理工科男士M先生给我发来一张照片，照片上是一对恋人，年龄都在30岁上下，分别是他的大学女同学及其男友。女士大学毕业以后就去了美国留学，而后工作至今，男友亦是相似背景，并且在硅谷已经算是创业小成，身价不菲，颇具亮点。

M先生感慨："我同学在国内怎么也不可能找到这样的（财富自由的同龄大佬）啊！"

M先生如此感慨的前提是，女同学的气质虽然闪耀着知识女性的光辉，有其内在的聪慧，可能也能对男友的事业有帮助，但其衣着打扮非常朴实，看上去平日并没有花心思在提升外在形象上。同等情况放在国内，可能不会赢得条件如此优秀的男士的追求。

这就是"国境线"带来的区别。在海外的中国女性，只要有一两个亮点，就能有相当优质的男友，获取和维护难度都较低。具体到不同的城市，难度有一定的差别。比如，目前的共识是，纽约的择偶难度高于美国东海岸的其他城市，伦敦的择偶难度高于欧洲其他城市。对于中国女性来说，除纽约之外，几乎所有海外城市的平均择偶难度，都低于北京和上海。

变美、拓展交友圈子、提供情绪价值等为择偶所做的努力，都属于常规操作，见效慢，效果也不稳定。与之相比，跨越国境线则是相当有效且立竿见影的择偶升级之路，其威力仅次于在国内突然踩上风口获得事业的大爆发。突然踩上风口有了红火的事业，这很难实现，但通过努力去海外留学则是很多人都能实现的。

有一种优质女性，其性格是"绵羊型"的，为人不争不抢，安静恬淡。尽管东亚审美偏向于女性性情"温柔可人"，但这种性格在国内一线城市的择偶竞争中往往会输得很彻底。赢家往往是性格坚毅、进取心十足，但外在表现"温柔可人"的人。

在海外则大不相同，"小绵羊"也能轻松获得"高富帅"男友，前提是两者的基本条件般配。般配不仅包括男女双方各方面的条件等同，还包括在同一阶层内一方比另一方条件好，或者两者的差距在半个阶层之内。

在海外，选择权的多寡也与国内不同。比如在美国，华人女性可以选择的男性很多。可一旦回国就会出现这样的情况——能让女士满意且可供女士选择的男士数量很少，但能让男士满意且可供男士选择的女士数量则非常多。

之所以海外华人女性的选择权较大，是因为能跨越国境线出去留学的人，要么家里比较有钱，要么自身能力比较强能得到奖学金。国境线阻挡了大量容貌美丽、头脑聪明但家境普通的人，以及一些家境不错但智力平平的人。这些来自国内的强劲对手并没有跨越国境线去"参赛"。一旦回国，所处的环境就变了——可谓强手如林。国内的女性很多都具有较好的个人条件和体面的原生家庭，同时，她们在国内经历了残酷的择偶竞争，早已段位大增、心力强大。

在海外情投意合、条件般配的情侣，双双回国之后，大多会面临一种现象：在海外，女孩子的选择权高于男朋友，因此在恋爱关系里较为从容；而回国以后，男孩子的选择权大大提升，虽然不至于分手，但女孩子会觉得维护关系力不从心。

国境线的加持，不是让华人女性交到自己在国内配不上的男朋友，而是让她们在几乎不需要竞争的情况下交到自己配得上的男朋友。失去国境线的"保护"后，华人女性往往需要面临国内择偶环境带来的激烈竞争。

> 我一直对慢乐章更加着迷，喜爱它们胜过那些快速活泼的段落。我想，快很容易，谁都能指挥。慢的部分才是难点，因为慢的部分需要你用自己的想法和理念、色彩和细节来填充。正因为如此，我从练小提琴转到练中提琴只是时间问题，中提琴的音色更加温暖幽暗，有着天鹅绒般的特质。（《我的瓦格纳人生》，克里斯蒂安·蒂勒曼）

中国女性到海外择偶的难度，类似于音乐中"快乐章"的指挥难度，受过基本训练的指挥家都能做到。回国以后的择偶则进入"慢乐章"的指挥中，需要通过个人想法、创意和耐心来弥补选择权降低的巨大落差。

12　择偶渠道含金量排序

1. 校园相识

对于普通人来说，校园相识是最优质的择偶渠道之一。在校园里相识相知的伴侣，有共同的社交圈，彼此知根知底，且容易有"命中注定"的感觉。

2. 长辈介绍

如果伴侣双方的长辈是认识许久的故交，那么两个人就具备知根知底的优势，且这样的关系天然就有庄重感，含金量与校园情侣等同。但这一渠道对长辈的人际交往能力有要求。大部分人的长辈给不了自己这样的择偶帮助，所以此渠道虽好，但普适性不高。

3. 领导做媒

进入单位工作以后，领导做媒引荐，也是相当优质的择偶渠道。这一渠道的好处在于有领导背书，双方信息均较为真实，且交往态度基本较为严肃。缺点在于，这样的机会可遇不可求，且领导介绍的对象，如果处不来面临分手，则在单位会比较尴尬。

4. 公开挂牌

现在有很多相亲类的公众号，会将部分优秀的男女"公开挂牌"，也就是将他们的信息发布在公众号推文上，推送给成千上万名读者。有些小伙伴会觉得这有点儿不好意思，但亲身经历过"公开挂牌"的人会发现，这种公共性会在无形之中放大男女主人公的光环，因为只有条件较好的人才能被相亲类公众号选中。这些人在日后面对实际的相亲对象时，自己会有一些优越感，感觉被光环笼罩。而对相亲对象而言，跟一个上过公众号推文的人相亲，仿佛能满足自己的虚荣心。

如果能被"公开挂牌"，那么相亲成功率会大大提高，基本上每个被"挂牌"的人都会收到至少几百封私信，然后信心大增。"公开挂牌"需要候选人自身条件优秀，一般都要求学历较高、颜值较高、工作体面，但对家庭背景的要求不多。且"公开挂牌"这种形式不需要候选人付费。

5. 高端相亲局

有一个惊人的事实，可能很多人不敢相信："超优质男"也在发愁找不到对象，还会抱怨以往去的相亲局门槛不够高！

固然，超优质男不缺"随便"找的对象，但想要找到理想型也有一定的难度。比如常见的一种情况是：他们能遇到留学圈子或长辈圈子内门当户对，甚至家境更优渥的女孩子，对方情商高、明事理，但颜值略低。这种说不出来的平平无奇感会让超优质男心有不甘。

另一种常见情况是：通过朋友介绍，他们能遇到高学历、高颜值美女，家境也过得去，但在实际交往以后，发现对方情绪不稳定。不要小看情绪不稳定对一段关系的杀伤力，现在的年轻人耐性普遍较差，一闹脾气就容易让对方受不了。

在这种情况下，超优质男也要去相亲。他们喜欢的相亲形式往往是酒会、餐会，用高门槛筛出同样优质的异性，大家在悠闲的氛围下交流，没有非常强的考核感。

越高端的相亲局，竞争越激烈，所以最后筛出来的女士往往综合条件都能符合他们的要求。比如，他们并不要求女士家境有多好，但一般都希望她的成长环境能让其养成健康的人格，松弛、从容、不匮乏，高端相亲局里的女士一般都能符合这样的要求。

高端相亲局的门槛较高，普通人难以达到。条件符合的小伙伴，不妨试一试高端相亲局。

6. 交友软件

交友软件是近年来深受青年男女欢迎的相亲渠道，只要用得好，也是一种靠谱的交友方式。

交友软件能成就很多人的姻缘，但不得不说，其渠道含金量远远比不上校园相识。毕竟是陌生人社交，天然缺乏信任背书，且看似能无限寻觅的错觉会让使用者不那么重视与异性的接触。当然，只要调整好自己的交友预期，就能有一定的概率找到靠谱的对象。

7. 让自己脱颖而出的渠道

前述的择偶渠道，都是针对普通人而言的，即使是高端相亲局，里面的人条件再好，他也依然是普通人。为什么要加一个限定词"普通人"呢？因为如果不加限定，那么上述渠道就都不是最优的。还有更优的择偶渠道，那就是主动让自己脱颖而出。

基思·法拉奇是畅销书作家、营销大师，也是巡回演讲的明星。1992年他从哈佛商学院毕业时，同时收到了麦肯锡和德勤两家咨询公司的录用通知。帕特·洛康托（PatLoconto）是德勤咨询公司的前主管，他回忆说，法拉奇在接受录用之前，坚持要见"头儿"。

于是一天下午，洛康托和法拉奇在纽约的一个意大利餐厅碰了面："我们在这家餐厅喝了几杯饮料后，法拉奇说，他愿意接受录用，但有一个条件，就是他和我每年在同一家餐厅共进晚餐一次……我答应了他这个条件，就这样我们聘用了他。这是他的技巧之一。他正是利用这些技巧，登上了职业生涯的顶峰。"

没有多少人会勇敢地要求与公司老板谈话，也没有几个人敢要求与老板每年共进一次晚餐。他们会害怕被拒绝，或害怕显得傲慢大胆，或害怕引起谣言，而且这也并不是招聘过程中的普遍做法。（《权力：为什么只为某些人所拥有》，杰弗瑞·菲佛）

如果有法拉奇一般的胆魄，能主动要求与潜在的贵人谈话，那么自然能得到不可限量的机会。但多数人没有这样的能力、魄力。

13 相亲转化率

相亲通常要见不止一人才有可能互相看对眼，这种现象，我称之为存在一定的"相亲转化率"。

很多人对相亲的转化率有着很高的期待，只想见可能会成的人。相亲前就想："我今天见的这个人有多大可能会成呢？如果可能性不大，那就没必要去见了吧？"

很多人觉得这样做相亲转化率高，但实际上，在这种想法下，相亲转化率很低。

我的知识星球社群内有一位"江南雅男"，家住大平层、硕士学历、工作体面，拥有非常适合相亲的条件，然而由于对相亲转化率期望过高，因此恐惧见面、抗拒相亲。

他在社群内的原话是："已经在接触的女生（家人、朋友介绍的）也一直不敢见，两位女生都颜值高、家境好，我也不知道自己是不敢做选择还是怕做错选择，抑或是怕耽误别人、伤害别人，很复杂的情感，我也说不清。"

这位男群友对相亲见面的理解是"一见定终身"，

对相亲转化率的期望是100%。以为见了面就要做选择，万一选错了就会误人误己，于是一直拖着，一个都不见。其实，从相亲、恋爱到结婚，这是一个进程，见面以后不中意、见完双方都中意但后续恋爱出现分歧，都可以随时中止进程。

还有人对相亲转化率的期待是30%～50%，也就是希望见两三个人就能遇到一个满意的对象，不希望见大量的人，不希望浪费时间。这一愿景虽然美好，也确实有很多成功案例，但那需要极佳的运气。

根据我手头的数据，在当事人的客观条件适合相亲且择偶目标合理的情况下，正常的相亲转化率是2%～8%。

"跑量"在相亲里很有用，但还是有很多人对"跑量"有抗拒心理，认为去见那些作为分母的"量"是炮灰劳动，浪费时间。但常规转化率就只有那么高，所以见的人越多，就越有机会遇到佳缘。那如何让自己心甘情愿参与相亲"跑量"呢？

或许你可以这么想："今天去相亲，要是两个人气场不合，那我可以尝试着把这次聊天当作一次社会观察，留下一个可能的人脉节点。"怀着这样的心态，"跑量"就不再是炮灰劳动，而是一种社会观察实践，或许还能有些收获。这样一想，出去见一个可能不会成的相亲对象就不是白白浪费时间。

虽然我们知道一个不成的相亲对象最后很难成为"人脉"，但也不是完全不可能。重要的是，当你这么想以后，"跑量"就不再是一件苦差事，而是一件让你乐意出门去做的事。

14　交友App上的"雷"

交友App上认识人是不是靠谱？现在用交友App的年轻人很多，对于条件"非常普通"的人来说，交友App并不会比其他渠道更不靠谱。不过，交友App上"光彩夺目"的人，"雷点"可能较大，或者起码不太适合普通人作为择偶对象。

有的群友会在社群里提问："在交友App上约见面，结果对方说自己回老家了，但他的IP地址并没变，这种需要直接'判死刑'吗？我觉得可以说工作忙之类的，但非要撒一个这么大的谎，还说了好多理由，编得真真的，有点儿怪。我不想浪费时间，不见面光聊微信就很浪费时间，见面不行则能直接放弃。"

当时我就在群里说："毕竟人家也没有直接跟你说不想见面呀，他说自己回老家所以见不了，也算是找了个借口，给你留了面子。只要他给你留了面子，那你就也给他留个机会。大家都是在交友App上认识的，没有任何交情，所以也没有必要对他有那么高的要求。只要人家还给你保留基本的情面，你就可以也给他保留基本的情面，假装相信。"

至于"能成就成，不成早点儿放弃，不想浪费时间"，这么想无可厚非，但这种思路本质上还是以自我为中心。

你不想浪费时间，可是对别人来讲，或许浪费你的时间对他有利。你不想浪费时间，可是对方也许只有浪费了你的时间才能获得活动空间。不要幻想着陌生人都很懂事，会在乎你的时间是否被浪费。

有些人发现，在交友App上认识的人，聊得挺好的，可就是躲着不见面，或者说关系就是推动不下去。出现这种情况有一种可能——他的条件是有重大隐瞒的。

并不是所有躲着不见面，或者说关系推动不下去的人，都是因为有其他选择。有时候，他们可能没有其他的选择，但他们害怕推进关系就会露馅儿。

有些人对此感到不明白："如果不推进、不见面，那也骗不了我什么啊？"实际上，这些人并不一定想骗你的身、你的钱，他也许想要的只是一种虚无的被喜欢的感觉，这其实欺骗的是你的感情。

很多人还会很看重交友App上的验资料功能，其实，对这一点也不用太迷信。

我们有一个群友说："说实话，就算验证了工牌，知道他在某大厂工作，也不能证明什么。大厂里面各条业务线千差万别，还有几级子公司，外人很难查得这么细。这种验证有点儿像公司内部的活水转岗，我也会找原部门的同事打听一下某个候选人的以往工作表现，但只能当作参考。重点还是看面试表现，一面二面三面，虚假的总会露馅儿。"

另外，在使用交友App的过程中需要注意对方年龄造假的问题，这一问题相当高发。一般来说，有人拿身份证年龄和实际年龄不同来说事，但所谓的"实际年龄"全凭一张嘴，想说几岁就说几岁。

年龄造假看似是小问题，实际却是大问题。如果连出生年月都造假，那么此人就如同披上了一层"匿名"马甲，或者通常所说的"momo"马甲，说话做事都可以不负责任。

所以面对异性自称身份证年龄和实际年龄有出入的情况，就按照身份证年龄来，因为身份证年龄能体现一个人的活动轨迹。报考公务员，看的是身份证年龄；在单位里进行晋升考核，看的是身份证年龄。这个人在世间的机会，几乎只与身份证年龄相关。你就表现得大智若愚即可，不用辨认真假，也无须听他怎么说，只按身份证年龄来看待对方的年龄即可。

第四章

春风：相处之道

有个成语叫"如沐春风"，用来形容让别人感到愉快的体验。很多时候，一对男女条件很般配，但由于相处体验过差，因此往往断送了姻缘。本章将剖析男女相处之道，力求让年轻人做到让伴侣"如沐春风"。

01 相亲时的提问和回答

相亲，很多时候是两个都不善于处理男女关系的人进行会面，一个不懂好好提问，另一个不懂好好回答。

一个女生曾跟我说到她相亲时的遭遇——

有一些人会问："这是你第几次相亲呀？"起初我会照实回答，但发现接下来就会陷入"成过吗？""为什么不成呀？"的连续追问中，感觉对相亲并无增益。

有一些人会问："你之前谈过几个男朋友？为什么分手？"我也照实回答："两个，一个因为疫情期间回老家了而分手，另一个是相亲谈的，因为他要求半年内结婚而我要等到毕业后再考虑，没谈拢所以分手。"但我回答完总觉得气氛很不对劲儿……

还有一些人会问："你父母的工作单位都很不错，为什么不给你介绍对象？"我会说："父母介绍的的确家境类似，但不知为何他们本人的学历都不高。"

　　另一个常见问题是："你在学校应该有很多人追吧？"我说："没有，大家互相竞争的话，同学们会很尴尬。"

　　我能感受到我的回答太"实在"了，重得像块石头。我也在试图改进，只是这几个问题的重复率太高了，让我很苦恼如何回答。

一个善于处理男女关系的人，根本不会提出上述尴尬问题。这些问题都是坏问题，后续的追问更是没礼貌。

不过，作为相亲的一方，我们无法控制对方提出什么问题，我们能做的只是尽力让自己的回答成为不那么坏的回答。

对方问："这是你第几次相亲呀"？

你可以回答："好像是第三次、第四次的样子吧。我挺社恐的，每次出来都要做好久心理建设。不过既然咱们都花时间坐在这里了，那还是互相了解一下吧！我是××年的，你是哪一年的？"

先简单回答一下对方的问题（承接），然后说一下自己的心理状态（摆出友好姿态），再发起自己的提问（发球）。

如果你只承接对方的提问，不发球，逼得对方发球，而对方又是菜鸟，不会提问，那他自然而然就会接着问："以前相亲为啥没成啊？"

对方问："你之前谈过几个男朋友？为什么分手？"

你可以回答："一个。大学里的男朋友，毕业后他回老家发展了，自然就分手了。当时在学校里只觉得彼此喜欢就恋爱了，毕业了才发现两个人要想一直走下去，客观因素还是相当重要的。两个人在一起得有缘分，但也要看一些客观因素。比如我现在在这儿工作很稳定，就不会考虑其他城市的工作了，希望另一半也能稳定在当地。"

回答到这里，你就可以等对方表态了，如果他说"以后会定居在当地"，你就可以借着当地的风土人情、美食、景点等进一步开展话题。

这里需要注意，你回答完一个问题以后，需要在这个问题的基础上衍生出一些新话题，顺便让对方也有发言的机会。如果只是干巴巴地回答"之前就谈过一个，毕业后因为异地就分手了"，那回答结束以后，谈话又会陷入死寂，气氛又将难以舒展。

对方问："你父母的工作单位都很不错，为什么不给你介绍对象？"

你可以回答："我父母很爱我，也很关心我的终身大事。他们也一直托人给我介绍合适的，不过他们毕竟社交圈有限，所以也不是经常有这样的机会。我觉得父母对我影响最大的不是他们有什么资源，实际上他们的资源也不算很多，而是他们教会我凡事要忍让，这一点我在工作以后感受尤其明显。"

这时候对方可能会问："为什么你说忍让这一点让你受益那么大呢？"

这时，你就可以接着发挥了……

当然，这里提到的"忍让"只是举例，用意是让你表达自己的正向人生观，你可以根据自己的实际情况，把"忍让"换成"换位思考""终身学习"等。

我觉得，"父母有资源为什么不给你介绍对象"这个问题颇为冒犯，不太有边界感。但你可以善意地认为对方并非有意冒犯，只是不太会提问而已。你可以通过自己的圆融，将对方疑虑的重点从"父母有资源为什么不给你介绍对象"转向"父母和你的感情怎么样"，呈现你有爱的家庭氛围和自身的良好家教。

对方问："你在学校应该有很多人追吧？"

你可以回答："其实我对'追'这个词有点儿疑问。这个词听上去好像我高人一等一样。我觉得有些人对自己有好感，或者表达了一下喜欢，并不能叫作追，这只是人家的一个表达而已。何况很多时候他们并不了解我，又怎么谈得上追求我呢？他们只是释放了一个想要接触我的信号。感情一定是彼此了解才能逐渐培养起来的。"

其实这个问题不太好回答。如果你说"是呀，我在学校很受欢迎，很多人追我"，那就显得你太不谦虚、有些狂妄，给人的感觉较差。但如果你说"没有呀，在学校没人追我"，又会显得你不够自信、缺少魅力。所以比较好的方式是表明自己对追这个行为的态度，暗示自己有过被一定数量的男生追求的经历，同时又没有因此而骄傲。

02 与追求者的微妙相处

在日常生活里遇到追求者，该如何回答追求者提出的问题呢？这需要一些方法。

如果面对自己完全没有兴趣的追求者，那么直接冷处理即可。如果面对自己非常喜欢的追求者，那便是双向奔赴，在一起就行了。难就难在，有些时候对追求者有点儿好感，但又觉得还需要再考虑考虑，这时候与他们的相处就颇为微妙。

以女生被追求为例，对方问："还有别的男生在追你吗？"

你可以回答："不能说是追我的，只能说是对我有好感的，有那么几个。"

大家可以注意到，这与相亲时回答"是不是有很多男生追你？"这一问题有所不同。相亲时，男女双方都是第一次见面，互相完全不了解，当事人需要在这个场景下尽量体现自己的三观，所以需要借追求的话题表达自己的态度。但在日常被追求的场景里，女生可以不表达自己的态度，只需要营造氛围，让男生觉得自己虽有机会但也处于某种竞争中即可。

对方问："你去××地方旅游，是和谁去的呀？是男生吗？"

你可以回答："不是你想的那样。不过，这个问题你可能不该问。"

不用害怕对方听到"这个问题你不该问"会不开心，因为你们还不是男女朋友，要让他明确在相处中不能越界。这是为了以后能更好地相处。

03　相亲中的"补相亲"

相亲见完第一面，会遇到一种情况：你对对方很满意，但你不知道对方对你是什么看法。于是你主动约他见面，但见过几次后他愈加冷淡下来。你以为他对你没兴趣，但他对介绍人说觉得你挺好，想继续接触。

遇到这种情况，你通常就会困惑：如果他喜欢我，为什么不主动约我？如果他不喜欢我，为什么我主动约他时他也会来？为什么他对介绍人说想继续接触？

此时，他一动不动，让你置身进退两难的境地。你若不动，接触结束。你若主动，难免又会怀疑自己是否不够矜持。

有一种可能性是，在第一次见面之后，他对你基本放弃，即你没有达到他的期待，但他对你也不算讨厌，同时有点儿怀疑直接放弃是不是过于武断？在你主动约见的情况下，他想着要不要再接触接触、别着急下结论？于是便有了后面几次的见面。

后面几次的见面，可以算作对第一次见面感受的辅助验证。毕竟第一次见面只能形成初步判断，但不一定能下定论。这种后续的见面，就是所谓的"补相亲"。

"补相亲"并不是从相亲模式转为恋爱模式，而是对第一次见面感受的补充。

"补相亲"模式容易让主动的一方误认为已经进入恋爱模式，由此产生很多精神内耗。一旦理解了后续几次见面只是"补相亲"，那就豁然开朗了。

04　相亲对象临时改约

我们先来看一个场景——

青年男女在交友App上认识，加上微信后，每天联系，聊天氛围相当不错。可转折出现在一件小事上……

本来男士已经和女士约好在某天晚上一起吃饭，可到了那天中午他突然联系女士："我们要不改天再约？因为我家人突然说晚上要一起吃个饭。"

这时候女士很生气。因为改约来得很临时，也没有提出补偿方案。另外，女士觉得和家人吃饭不属于紧急突发的重要事件，于是回复："这样不太好吧。"

男士回复："那我去和家人说。"

这时女士又觉得，他既然能和家人说明，那为什么之前还要取消跟自己的约会呢？女士感觉没有被尊重。于是接着埋怨男士，感觉他不真诚，赌气之下说出："咱俩就算了。"

男士先是认真道歉，但后来觉得，如果因为这件事就算了，那就算了吧。两个人的关系就此结束。

原本两个人在交友App上对彼此的条件都很满意，聊天感觉也不错，可到了要见面的关头，却因为改约这件小事闹到结束关系，不免有些可惜。

实际上，不仅第一次见面临时改约引发的不愉快会导致关系结束，那些见过面的，甚至已经确定恋爱关系的，因为改约而引发分手的案例亦不胜枚举。当事双方都觉得自己没有错，都在抱怨对方不通情达理，结束关系后还会意难平，觉得自己受委屈了。

要想避免因为如此小事而耽误婚恋进程，那么在面对对方的临时改约时，就要有个好心态去面对。这种心态也可以延伸到日常生活的方方面面。

以后若遇到别人提出改约要求，那就"秒批"，特别善解人意地"秒批"。你可以说："好的，和家人团聚要紧，咱们改天再约。"

为什么要这样说呢？因为对方能跟你提出改约，一定是因为他遇到了自认为更重要的事，具体是什么事你不需要知道，事情的重要程度是他来判断的，而不是你来决定的。

交友App上认识的但还没有见过面的人，本质上只是你的网友，他把别的事、别的人放在你之前很正常。人家又没有见过你，怎么可能认为你非常重要？对一个"陌生人"提出改约要求很正常。

即使已经是男女朋友了，对方临时改约也可以"秒批"。如果对方只是偶尔改约，那你可以想："谁还不能临时有个事儿呢？"但如果对方总是临时改约，那确实说明他对和你的关系不够重视。不过，你还是可以"秒批"，然后在心里分手，去认识新的人。

深刻意识到"他人跟自己的关系并没有那么紧密"很重要。即使交往了，也可以觉得"别人只是对自己有点儿好感而已，在一起才几个月凭什么对自己感情深"？如果能这么想，那很多问题就不存在了。

确实，一旦进入相亲场景，很多人就会自动认为对方应该把自己放在重要的位置。但相亲并不是追求，相亲时对方展现出来的热情，很多时候只是出于礼貌而非迷恋。前述案例中的女士感到很生气的时候，是不自觉地把自己当作对方珍惜的女友了，这才觉得自己可以理直气壮地指责对方，但实际上，他们根本没有见过面，也没有感情基础。

在日常生活中，遇到普通朋友、同事提出临时改约的要求，你可以相信对方确实有不得已的苦衷。既然他已经提出改约，那么想必他此前一定衡量过利弊，此时跟他争论并没有太大意义，你表达不满不仅不会改变他的决定，还会让双方的关系变得紧张。

05　表白这个步骤能不能跳过

从陌生到相识，再到试探、暧昧，接下来就是确定恋爱关系了。这时候很多人会说，一定要走正式的表白流程，此步骤不可跳过，不然没说清楚就在一起了，很容易被短择、被轻视。

这一说法不无道理，只是大家对表白的理解通常比较狭隘，认为表白就是"语言表白"，非要说出"我们开始交往吧！"实际上，表白也包括"行为表白"。

《红楼梦》第九回说到，宝玉去学堂上学之前，去跟贾母、贾政、王夫人等告别，然后想起还没见黛玉，于是"忙至黛玉房中来作辞"。黛玉心中一动，问："你怎么不去辞你宝姐姐呢？"

这是黛玉的心病，是她介意的点，但这话问出来的同时，她又有点儿开心。宝玉的回应是"笑而不答"。

> 宝玉忽想起未辞黛玉，因又忙至黛玉房中来作辞。彼时黛玉才在窗下对镜理妆，听宝玉说上学去，因笑道："好，这一去，可定是'蟾宫折桂'了。我不能送你了。"宝玉道："好妹妹，等我下了学再吃晚饭。和胭脂膏子也等我来再制。"唠叨了半日，方撤身要去了。
>
> 黛玉忙又叫住问道："你怎么不去辞你宝姐姐呢？"宝玉笑而不答，一径同秦钟上学去了。（《红楼梦》，曹雪芹）

脂砚斋评论此段："黛玉之问，宝玉之笑，两心一照，何等神工鬼斧文章！"学者冯其庸先生对此的评价是："不答甚好，亦无可答也。"

倘若宝玉回复："好妹妹，我只在乎你，不在乎宝姐姐，只想在临别之际来看看你。"那就没有"两心一照"的意蕴了。

不答，你知道就好。并不是非要嘴上明说，才叫表达清楚。言语不答，行动就是答案。而你是我的知己，你当然知道。

明代文人画家李日华对绘画的境界有自己的见解："凡状物者，得其形，不若得其势；得其势，不若得其韵；得其韵，不若得其性。"

最基础的是"得形"，然后是"得势"，继而是"得韵"，最终是"得性"，即理解事物的本质、生命的本真。

有的女孩子跟我说，她和一个男孩子已经一起出去吃饭、看展、爬山好几次了，每次都是对方主动邀约并仔细安排行程，出去玩的时候双方很开心，自己也喜欢对方。但她就是生气对方不表白！她说："如果他对我表白了，那我肯定答应他！但他要是不表白，那我就只把他当普通朋友。"

她非要对方表白，非要对方明白无误地把"形"告诉自己，这就是非要在"形"上较劲。但"形"只是真理中最基础的部分。对方一次次的主动邀约、规划行程、体贴照顾，这就是在用行动表白，何必非要逼着他用嘴说出来呢？很多人羞涩内向，可能没有勇气说出那句话。如果下次再和那个男孩子出去，就默默牵上他的手吧……

06 看不清楚，是因为他不让你看清楚

我们先来看一个场景——

一对青年男女条件相当，又有熟人背书当相亲介绍人，于是二人见面。见过面以后，女方对男方较为满意，于是有了从自己角度进行的观察：

他偶尔为我的朋友圈点赞，但不主动与我联系。逢年过节，我主动给他发祝福信息，他会礼貌

回复。介绍人问他和我接触的情况，他说有联系，但没有什么进展。

实际上，最近半个月我主动在微信上找他聊天三四次，他会回复消息，偶尔和我开开玩笑，但就是不主动找我聊天，也不主动邀约。

这种情况，我称之为"看不清楚"。

你主动找他，他会亲切地回复你，并不抗拒与你语言交流，甚至能与你开开玩笑，让你产生一种彼此相谈甚欢的错觉。于是你在默默等待他下次主动找你聊天。可是随着时间的推移，你会发现，他并不会主动找你聊天。此时你不甘心相亲就此失败，也想挣扎一下看能不能引起他的关注，于是你再次主动找他聊天。

结果是，他依然会友好地回复你，依然会让你产生彼此交流很愉快的感觉。只是这样的循环一再发生后，你逐渐产生了疑问：他对我，究竟有没有意思？

起初，他偶尔给你的朋友圈点赞，你会很开心，以为他用点赞表达了某种好感。可是，好几个月过去了，他依然偶尔点赞，但点完赞并不会找你聊天。

你逢年过节就给他发祝福，试图用这种方式来试探他对你的心思，看他会不会趁年节之际邀约你。可是，他还是只礼貌回复，却并不约你出来。

你找他，他会回复；你不找他，他就不找你——这是无数人，不只是女士，在与相亲对象相处的过程中，感到烦恼的一个点。

如果他彻底不回复消息，那也算给出了清晰的答案：他不喜欢你。可是，你找他，他回应，还和你有说有笑；但你不找他，他就不找你。他究竟是什么意思？

人们总想看清楚相亲对象的心思，又为看不清楚而感到烦恼，可是却始终没有搞清楚：你看不清楚，是因为他不让你看清楚。

他想保留一种神秘感、一个解释权。他现在也许并没有想清楚要不要跟你在一起，但他认为将来跟你在一起的可能性应该保留。于是会出现"友善但不主动"的姿态。你如果继续坚持对这样的人主动，或许有一天他就想好了：愿意跟这个锲而不舍的人在一起。你无法让他立刻下决心与你在一起，但他笃定，如果自己将来转变心意，你就会接受。

回到上述案例，这位女士应该怎么办呢？我觉得非常重要的是要让自己明白发生了什么。她要明白男士把她列在了"等待名单"上，她并非全无希望，但也不是立刻就能"入座"。如果她对这位男士有耐心，那可以继续等待。但如果自尊心较强不想陷入被动的局面，那就可以放弃了。既然他不让自己看清楚，那就没必要去把他看清楚。

07 慎用"偷懒猛药"

情感里有一种偷懒的做法，叫"一上来就用猛药"，起初效果奇佳，但这种做法的不良影响会在几年后得以显现。

什么叫"一上来就用猛药"呢？比如，"年龄差"就是两性世界里的猛药，而且是男女相识伊始就容易用上的猛药。在男女同龄的情况下，女生要与男生条件相当，且自身情商很高才能得到男生的青睐，可如果换一个比男生年龄小10岁的女生，那她可以不用条件太好，就能较为容易地获得男生的理解和喜欢。

如此猛药，建议作为最后的大招使用，而不是一上来就用。

为什么呢？因为"年龄差"对于相对年轻的那一方来说，就是一种力量。有了这么强大的力量，其他弱项（比如条件平平、交往体验差），就都可以在一定范围内被包容，导致相对年轻者长不出本事。

一个人只有在资源相对不那么充沛的情况下，才会想办法长本事。有了巨大的资源，就没有动力修炼功夫了。而一旦资源消失了，就容易手足无措。

男女相处作为人际关系中的一种，需要一定的经验才能做好。不然两个人在一起为一点儿小事就闹别扭、互相指责，日子没法过。这个过程就是"磨"，磨掉身上的刺，懂得换位思考，遇事能忍让。

正常情况下，青年男女互为平配对象，谈两年恋爱，互相都会"磨"得较为善于和异性交流。谈过几次恋爱却还没经历过"磨"的，普通人中常见的原因就是"美女专挑条件较弱的男性恋爱，享受情绪价值"。

但在优质男女圈层中，每个人都有一定的实力，仅仅靠着普通人里还不错的颜值就指望同样优质的异性来惯着自己的坏脾气，这几乎不可能。但"年龄差"这剂猛药一用，效果立竿见影。随着时间推移，这些用猛药的人，就会因为没有习得认真与人交往的能力，而把握不住特别理想的对象。

总之，"如何与平配异性相处"是一门基础课，如果没修这一课，就要付出其他代价。

相比之下，"如何与高配异性相处"是非常难的，普通人也没必要学。但"如何与低配异性相处"则非常简单，把你的高条件势能亮出来，你做什么在对方眼里都是对的。

以年轻女性为例，在缺席恋爱基础课的情况下，如果一上来就用猛药，就会让自己有一种能被普通男人当女神、被优质男人列为女友候选人的错觉，进而对自身的恋爱实力有了误判，把恋爱理解成"我不出力，男人得讨好我"的游戏。其实，在优质男人的眼中，这样的女人只是一个各方面都谈不上好坏的异性而已。

尤其对于20岁出头的女性，一定要把恋爱基础学分修起来，和周围的同龄男生开始接触，而不是一上来就跟比自己大10岁以上的男人约会。

"年龄差"的猛药作为大招，应该是这样用的：一位美女，条件不错、温柔可人，她居然还比其他同等条件的竞争者要年轻10岁以上。她明明有如此好的条件和如此高的情商，根本没必要找比她年龄大这么多的，可她还是为了这个非常值得争取的对象，这么做了。

这剂猛药一下，其他竞争对手瞬间就黯然失色了。但在条件有硬伤或情商不到位的情况下，猛药的效用就会大减。

08　如何与忙碌的伴侣相处

思想相对幼稚的男人，或者工作较为轻闲的男人，一旦开始恋爱，就会花很多时间去"谈"：和对象频繁聊天、频繁见面，说各种甜蜜的话，进行情感交流。

校园恋爱多是如此，尚在读书的男生会和女朋友说很多话，这也使得经历过校园恋爱的女人认为"和对象进行大量情感交流"是寻常的事。

但一部分男生参加工作后，在上进心的驱动下会选择高淘汰率、高压力的岗位。上班时要全神贯注，下班后要持续学习，还要花时间健身以锻炼体魄，让自己有强壮的身体可以应付工作挑战。如此一来，能花在和女朋友"谈"恋爱上的精力就很少了。

由于很少能陪女朋友，因此导致女朋友不满意、提出分手，这种情况颇为常见。然而这些男人不为所动，全身心追求事业，即使失去女朋友也在所不惜。这可能是现在职场竞争太激烈所导致的。金字塔尖的位置很少，想要争夺的人太多，每个参与者都拼尽全力。

不仅男人选择高淘汰率、高压力的岗位容易变得冷淡，女人也是一样的。

知识星球花神妙华云境里，有一位在大厂工作的女士（简称"大厂女"），其与一位工作相对轻闲的男士相亲，大厂女一直在外出差，周日凌晨才回到所在城市，男士迫不及待邀约周一下班后见面。周一见面完，男士很满意大厂女，又要约周二下班后见面。大厂女眼瞅着体力跟不上遂推脱，男士又约周四下班后见面。大厂女终于受不了了！

男士也感到委屈：既然"谈"恋爱，那下班后见面不是很正常吗？可是工作轻闲的男士没有设身处地替大厂女着想：她工作强度大、压力大，上班已用尽力气，下班后只想回去休息，可能还要把休息时间匀一些出来健身和学习，以保持职场竞争力。

大厂给员工开出较高的年薪，意味着员工要产出数倍于这个薪酬的价值，才能保住现在的收入。拿高薪但想要偷懒，几乎不太可能，因为大厂有成熟的考核系统来监督他们。于是员工在上班时间要有足够的产出，下班后还要学习新技术、训练新技能（比如演讲、策划）。他们越来越优秀，靠的是有些不近情理的对事业的付出。

这是高压工作对从业者的异化，与性别无关。只不过通常愿意拼尽全力、牺牲个人生活甚至健康去拼事业的，男性更多一些，所以显得患有"优秀强迫症"的都是男人。

了解了有"优秀强迫症"的人的处境，那么，如何和他们谈恋爱，答案就不言而喻了。

恋爱小白往往习惯"恋爱了就要频繁联系"这一思维，有没有想过为什么会有这样的惯性思维呢？因为"频繁联系"意味着这段关系具有确定性，意味着对方时时刻刻都在想着你，意味着你不用担心他会不会同时和其他异性聊天。

可是，现在你已经知道，他和你聊天少纯粹出于"有心无力"，而不是"过于花心"或"根本无心"。因此接下来，你只需要适应这种"言语交流少"的模式即可。

人类从小到大都习惯脚与地面之间摩擦的感觉，并视之为理所当然，而滑雪初学者就是要重新适应脚下"没有摩擦力"的感觉。

　　绝大多数人一开始都不习惯于站在像雪板这样光滑的物件上，更别提还要滑下雪坡了。人们从小到大的经验就是要通过抵御脚下相当大的摩擦力来保持平衡，因此，太多的初学者都在第一次下吊椅后就会摔倒，他们实际上是认为，当站在缆车站出站口向下倾斜的雪坡上时，会有一个预期的摩擦力阻止他们向下滑动，因此需要保持一个姿态来抵抗这个摩擦力。当这个摩擦力根本没有或者非常小时，他们就失去了平衡。"（《滑雪宝典》，罗恩·勒马斯特）

滑雪者一旦适应了脚下"没有摩擦力"，他就能在脚和雪坡之间找到新的平衡，知道如何在这种状态下前进、旋转。

恋爱也是一样的。只要你确定你和他确实互相喜欢，彼此条件大体相配，见面时能感受到他的真诚，那就没必要在不见面时通过频繁联系来确认"他还在"。

"频繁联系"是一种强大的摩擦力，也是普通恋人的交往方式。但对于少数确实"有心无力"的人来说，你得适应用"滑雪"的方式与他们交往。

那么有人会问："难道每隔一天才能说10分钟话的日子，要过一辈子吗？"

当然不是。

因为如果两个人的关系进展顺利，则会进入下个阶段：结婚，住在一起。只要双方都不出差，每天下班后就都能见面。见面并不需要说很多话，能看到彼此就会很安心。

日本战国末期的剑术大师宫本武藏提出，兵法中最重要的事之一是把握节奏，包括肉眼看不见的节奏。

世间是有节奏的，只有把节奏调整一致，方能说节奏正确。

在武艺中，射箭、骑马都是有节奏的。在各种武艺或者技能中，都不可乱了节奏。

另外，肉眼看不到的东西也是有节奏的。对武士自身来说也如此。比如建功立业之时、颓唐消沉之时、意气相投之时、人心向背之时都各有其节奏。从商之道也是有节奏的，比如生意兴隆、富甲一方之时，和经营惨淡、财富尽失之时，两者节奏截然不同。应该仔细辨别事物繁荣和衰退的节奏。

兵法的节奏也各种各样。首先，要熟悉敌我势均力敌的节奏，也要了解敌强我弱或者敌弱我强的节奏。要掌握大型战争的节奏，也要知晓小型决斗的节奏。

在大大小小的节奏或者快慢各异的节奏中，要能区分进展顺利的节奏、停止进攻的节奏，或者撤退的节奏，这是兵法中最重要的事情之一。（《五轮书》，宫本武藏）

大多数人恋爱时节奏猛烈，结婚后日趋平淡。而面对有"优秀强迫症"的人，和他们恋爱前期会经历大段的空白无声期，但结婚后倒是可以感受细水长流般的每日温馨之音，这是另一种节奏。

若能挺过恋爱早期的情绪不适、找到和优秀但忙碌的对象相处的节奏，那你们便会成为佳偶。同时，由于能挺过恋爱早期情绪不适的人毕竟有限，因此，客观上你还少了很多竞争对手。

近年来有一句很流行的话："做复杂的工作，谈简单的恋爱。"此话自是不假，不过实际操作中有万千状况，差之毫厘，谬以千里。和一个不怎么理会自己的忙碌人士恋爱，究竟属于简单的恋爱，还是复杂的恋爱呢？

如果挺过不适应期，完成从"平地走路"到"御雪飞行"的切换，那就是简单的恋爱。反之，则是复杂的恋爱。更妙的是，这份对于你而言简单的恋爱，对于其他竞争对手来说却是复杂的恋爱，他们会自行放弃，而你会收获后面的惊喜。

09　如何与有锋芒的伴侣相处

两性之间相处，会有一定的乐趣。正如很多运动到了高级阶段，会设置各种障碍以增加趣味性。常见的情况是，人们被有攻击性的异性所吸引，同时又被对方的锋芒所压迫，感觉快要窒息；而那些完全顺从自己的异性，相处起来又觉得没什么意思。如何是好？

曾国藩在不同时期写给家人的信中，均反复提及"敬恕"二字。他写给九弟曾国荃：

> 圣门教人不外敬恕二字，天德王道，彻始彻终，性功事功，俱可包括。余生平于敬字无工夫，是以五十而无所成。至于恕字，在京时亦曾讲求及之。近岁在外，恶人以白眼藐视京官，又因本性倔强，渐近于愎，不知不觉做出许多不恕之事，说出许多不恕之话，至今愧耻无已。（《曾文正公家书》，曾国藩）

曾国藩后悔自己早年由于本性倔强，对自己看不顺眼的人"做出许多不恕之事，说出许多不恕之话"。

他在写给手下战将鲍超的一封信中又提及"敬恕"，并且详细解释"敬恕"的含义：敬是小心翼翼做事；恕是给人留有余地，功劳不独占，犯错不"甩锅"。

> 敬则小心翼翼，事无巨细皆不敢忽；恕则凡事留余地以处人，功不独居，过不推诿。常常记此二字，则长履大任，福祚无量矣。（《曾文正公全集》，曾国藩）

举案齐眉，就是一种"敬"；雅量包容，就是一种"恕"。

如果伴侣耍脾气，要跟你讲究小事的对错，你要知道其实对方只是一时闹情绪需要安抚，伴侣之间哪有那么分明的对错值得论证呢？所以，你尽管自由裁量如何哄过就好。只要心存对他人的"恕"，你就不会产生巨大的内耗。

有趣的人必然有性格，不管与哪个有趣的人交往，基本都无法在精神上躺平，总是需要费点儿力气。"敬恕"锻炼法，是让人长出"敬恕"的肌肉记忆，即便迎面遇到一阵冰雹，也能迅速将其化为平和的微风，内外皆无伤。

10 "异数"的魔力

各方面都很好才有资格得到爱吗？当然不是！情感世界的有趣之处在于，各方面都很好的人能得到大众喜爱，但那些看上去不那么完美，甚至有突兀缺点的"异数"，依然有他们的受众。

苏富比拍卖行做过一次展览，在宣传德加的铜塑《十四岁的芭蕾舞女》时，请来一个14岁的真人舞者站在旁边，保持与铜塑同样的姿势。

小舞者外貌甜美，对比之下，德加铜塑中的舞者则狂傲不羁。

我不禁回忆起发生在2009年的一件事。当时，正值伦敦的苏富比拍卖行出售德加创作的蜚声国际的铜塑《十四岁的芭蕾舞女》（Little Fourteen-Year-Old Dancer），它的最终成交价格达到1900万美元，是19世纪最伟大的雕塑之一。

在预售宣传期，苏富比从皇家芭蕾学校找来一名真实的14岁舞者，并让她站立在这座德加于1880

年创作的舞者雕塑之前。这是一个极其成功的营销方式。这位英国小舞者的外貌极其甜美，她保持着同样的姿势，长时间地站在雕塑旁。媒体为两者拍照，而比较她们姿势的微妙区别则更令人着迷。

从表面上来看，她们完全一样：右脚向前，与左脚呈直角，手背在身体后面，头向后倾，这样眼睛的自然视觉范围就可以扩大到鼻子下面。

但当你仔细比较她们的时候就会注意到，法国1880年的雕塑原作有一点点玩世不恭和无精打采，这是一种卖弄风情的征兆。从某个角度来看，雕塑的头和眼睛同时传递出一种自鸣得意、唯利是图、不修边幅以及自负狂妄。

而2009年的英国真人版本，却呈现了一番令人愉悦的反差。小舞者拥有清新的脸庞，她良好的身段挺得笔直，优雅而健康，带来一缕淡淡的遐想。她的双眼澄澈，目光无比纯洁而充满活力。（《苏富比的早餐》，菲利普·胡克）

2009年的英国真人版14岁芭蕾舞者，优雅、美好、纯洁；1880年由德加创作的14岁芭蕾舞者，玩世不恭、无精打采、卖弄风情、自鸣得意、唯利是图——然而，那样不堪的舞者才是伟大艺术品的灵魂。

这一对比不禁让人震撼！原来不是只有优雅、美好、纯洁的舞者才是美的，那个个性鲜明、狂放不羁的舞者亦是艺术家眼中的不朽形象。

也许你依然不能接受德加的审美，但对人类审美的多样性保持宽容和欣赏，将有助于你理解那些"异数"为什么也能各得其所。

11 相亲时如何判断离异者的靠谱度

现在的离婚率很高，年纪稍长的人在相亲中难免遇到离异的对象，那应该如何判断他们是否靠谱呢？具体情况因人而异，但有几个大方向可以参考。

比较保险的一种组合是平淡的"重组家庭"。女士离异且年纪稍长，男士离异且与女士基本同龄，双方社会地位差距不大，这种情况可以形成"重组家庭"。比如一个

37岁的离异带娃男士，与一位36岁的离异带娃女士再婚，双方都有工作，且工作层次差距不大。或者一方无娃，抑或双方都离异未育。

上述"重组家庭"故事情节平淡，没什么么蛾子。一个能走出围城相亲，还愿意找同龄、离异、社会地位相当的伴侣的人，大概率没有什么狗血的离婚剧情，可能只是因为与前任性格不合。用一句话来说就是——没有飘。

有一种看似荒诞但是靠谱程度也比较高的情况是，接受"破产中二中年"。以男性破产为例，这类组合里的女士年轻未婚，男士离异且有非常明确的破产史，并由于破产（比如创业失败等）而离婚。虽然男士此时经济条件不好，但离婚原因是破产，前妻在大难临头之时抛弃他跑路，这不代表他的人品一定有问题。

一个中年男士因破产而离婚，眼下没什么钱，但他不粉饰历史和现状，还想通过相亲找寻新的伴侣，那说明这个男士对自己的魅力有信心。你可以说他自负、荒诞，也可以理解为他具有一种中二少年般的浪漫。但不必怀疑，相当一部分年轻女士吃这一套。凭男性魅力争取爱情，是堂堂正正的。

还有一种靠谱的情况是"被前任抛弃回归人间"。比如，有些"雅男"在20多岁时有幸娶到一位"女神"，婚后数年，妻子展露出非凡才华，两人差距越来越大，最后和平分手。这种情况虽然少见，但如果有"雅男"肯承认自己被"女神"前妻抛弃，自己终究只是凡人，那对于普通的女士来说，这种男士还是不错的丈夫人选。

不太靠谱的情况是"优质伴侣轮到自己来摘桃子"。如果一个人的财富、学历、工作等条件都很好，存量资产和增量资产都历历在列，情商高、善交际，且有明确的结婚意愿，但唯一的缺点就是有一个恶毒的前任，自己是前段婚姻的受害者，如今想要找一个靠谱的人把所有的爱、所有的钱都给他……那么要注意，这种情节里的雷点就比较多了。

让人们产生"优质伴侣轮到自己来摘桃子"窃喜感的人，往往有着重大的身心隐患，比如身体隐疾、心理疾病、家暴倾向、不良嗜好等。但人性的弱点恰恰在于此，人们很难抗拒所谓的"摘桃"诱惑。

12 如何体面地分手

在感情里不要轻易分手，不过有时候，在恋爱中难免发现对方与自己三观不合，遂产生分手的念头，这也是常有的事。如何体面地分手，这是一门学问。

一种情况是确定恋爱关系不久，比如一两个月，此时还在彼此了解阶段，一方想要分手，一般只需要择机直给："这段时间我很开心，但相处下来感觉咱们的观念还是有很多不一致的地方，做朋友很好，但做伴侣不合适。不如早早放过彼此，去寻找真爱。"

由于双方在关系里陷得不深，时间、精力、金钱的投入都有限，因此在恋爱早期分手，直接说就可以。

另外一种较为容易的分手窗口期是异地恋时期。双方或一方原本就对恋爱前途有所纠结，只是难以找到机会分手，于是一直不温不火地拖着。此时如果双方由于工作调动等原因处于异地，那么随着双方见不到面的时间越来越长，适应了没有对方在身边的生活，就会进入事实上的分手状态。有的情侣甚至不需要一次正式的分手谈话，就心照不宣地不再联系了；有的情侣则是由一方先开口："咱们现在各自都过得挺好，不如相忘于江湖，祝福你。"在这种情况下，另一方一般都能心平气和地接受。

最难分手的情况是什么呢？自然就是已经谈了很多年，又处于同一个小圈子，分手不仅会伤对方的心，还会伤彼此的脸面。要考虑两个人在共同的小圈子内的影响和风评，毕竟普通人择偶很可能选择圈子内的同学、朋友或同事，风评很重要。

面对这种情况，有一个通用的理由：父母不同意。想要分手的一方可以跟对方说："我父母思考再三，还是不同意咱们在一起。你是个善良的人，希望你幸福。"

就说这么多，不用多说，切记不要反复与对方辩论。对方如果不甘心、反复纠缠，你就重复说一句话："我们就到此为止吧。"

提出分手的这一方，不要说"对你不满意"这种话。很多提分手的人，起初也能体面地说一句"父母不同意"，但因为对方不甘心，一直纠缠不清，非要问个明白，所以提分手方就在情急之下说出攻击对方的话，比如贬低对方的外貌、挑剔对方的家境、不认可对方的成就等。也许提分手方的本意是让对方受辱后退缩，但通过人身攻击对他人造成的伤害，很容易惹怒对方，激化矛盾，引发不可控的后果。

虽然事实上并不是"父母不同意"，但你坚持这个理由，对方也没办法。这个理由的好处是，对方不会觉得被羞辱，自尊保住了。当然，这需要先和自己的父母达成一致，事先通气，让父母来当这个"铁石心肠"的角色。

面对共同圈子中的亲朋好友的询问，解释原因时可以先说"父母不同意"，为了显得不那么敷衍，还可以再增加几句："相处下来感觉双方的价值观有很多分歧，没有谁对谁错，就是不合适，他真的是很好的人……"这样一来，大家在共同圈子中的脸面和风评，基本也就保住了。

13 结婚生子后的自我提升

法国作家波伏娃有一句话让我深受触动："男人拥有的、从童年起已经感受到的特权，就在于他作为人的使命与他的男性命运并不违背。"

而女人呢？年过30岁，经历了结婚生子以后，很多人的关注点便不再是如何提升技能、如何实现职场晋升，而是已婚已育后怎么提升颜值和气质。

作为对比，我们可以看到，绝大部分男人想要提升自我，主要方向是提升致富能力和提高对某一领域的见解。即使他们在意自己的外形，主要也还是在意身材，通过健身不仅能拥有较好的身材，还能使身体更健康，以应对激烈的社会竞争。总之，男人很少把自我提升目标放在提升颜值上。

倒也不是说男人的做法一定是对的，女人在乎颜值就是小家子气的，但男性群体将自我提升方向集中在"如何让自己更有社会竞争力"这一点上，确实让他们在各种竞争中取得了更多的优势。

所以女人也可以参考这一思路。将自我提升方向从"如何提升女性吸引力"转为"如何提升社会竞争力"，还可以更进一步思考"如何成为一个更加被大众所尊敬的人"。

如果说年轻女性还需要阶段性地先完成婚育大事，那么对于已婚已育的女性来说，已婚已育恰恰是一种自由。从此可以不再把注意力放在"如何吸引异性"上，而是可以想得更远，思考如何拥有帮助他人的能量、如何尽可能地去创造价值，如何被更多人发自内心地尊重……

人类永远看重那些能给他人带来价值的人，即使这份价值非常轻微。

14 男女相处中的常见错误

错误1：沉迷网络聊天

无论是通过相亲认识的，还是在现实世界里本就认识的，要想进一步了解对方，都不要沉迷网络聊天，这是浪费时间的行为。尤其是在两个人同城的情况下，社交软件应该只是相约见面的工具，而不是深度交流的工具。

如果沉迷网络聊天，结果很可能就是成为对方精神上的摆渡人，帮助他打发空窗期的时间。和一个异性培养起情感，一定是靠一次次见面、一次次现实交流、一天天共处来实现的，是这些带来了难舍难分的黏性。

错误2：想要凭空获得心力

这里所说的"心力"是指对方的倾心。没有凭空而来的心力，其背后都有其他真实力量的支持。

比如，迷倒万千异性的荷尔蒙，就是真实的力量。再比如，那些在情感世界里的"智性恋天菜"，并不是凭空获得心力的，其背后有真实的智力在支持。

错误3：贸然"打直球"

李商隐有一名句，叫"心有灵犀一点通"。那首诗第一句的后半句是"画楼西畔桂堂东"，虽不如"心有灵犀一点通"那么有名，但制造了一种华丽、温暖的氛围。

如果多读几遍，你就会发现，这一句并不多余，它描绘了"心有灵犀一点通"的"诞生环境"。因为"画楼西畔桂堂东"很威严，所以身在其中的人们，即使彼此有意，亦不能轻易言语，只能靠着"心有灵犀"去传递情感。

现代人经常说，要在一段关系里"打直球"，想知道对方是怎么想的，就要直接去问。但现实里有种种限制，即使你"打直球"，对方也不见得会给你想要的答案，反而会破坏了对方原本可以通过"心有灵犀"给你传递信号的氛围。

那么，为什么现实里会有种种限制呢？正是因为我们已经拥有了很多"礼物"。我们拥有的命运馈赠越多，得到的限制也就越多。在草堂里，或许可以"打直球"；而在"桂堂"里，可能要追求心有灵犀一点通的境界。

错误4：轻易提分手

在恋爱关系中，千万不要一生气就提分手。分手就是分手，是对两个人关系的解约，不是随便拿来赌气、撒娇、威胁、索取情绪价值的动作。

有些人动辄以"分手"为武器，实际上却并不想分手。这是很不可取的。

对方在接收到伴侣提出的分手信号以后，就会认为关系已经结束。此后会出现一种情况，双方还会时常有联系，开玩笑提分手的一方以为两个人并没有分手，直到有一天发现对方竟然有了新的相处对象，于是惊愕、愤怒、受伤。

实际上，如果提出分手后对方没有反对，那就意味着真的分手了。在这一点上，女生要向男生学习，相比之下，女生更容易赌气提分手，而男生会更冷静。

错误5：追求"彼此完全拥有"

我们先来看一则故事——

一位已婚男士是公认的模范丈夫，但他偷偷藏了小金库。攒了几年钱以后，已足够买一套房，于是他买好房以后对太太说，这套房子是父母积蓄的馈赠。太太非常感动，对公婆更有孝心了。

这则故事偶然间被一位未婚女士所知，她觉得这是男主人公对太太的欺骗。她认为夫妻之间应以坦诚和信任为先，即使结果是好的，也不能接受过程中有所欺骗。

那么，究竟应该怎么看待夫妻之间的坦诚呢？

我认为，如果你觉得夫妻一场是此生的缘分，在世俗层面是一种合作，而不是"彼此完全拥有"，那么你在对待很多问题时就不会那么较真了。

对方能珍惜缘分、尊重你、对你好，在合作方面做好他的那部分工作，那他就是不错的伴侣了。想让对方在你面前完全坦白、毫无隐瞒，这个要求略高。大部分人，都是不好不坏的普通人而已。

"彼此完全拥有"听上去很动人，但那是极高的要求。拿着极高的要求去要求别人，难免会令自己失望。

第五章

屏风：阅世万千

南宋画家马远有一幅《雕台望云图》，画中有一位士人凝视着远处的层峦叠嶂，他身后有一面巨大的屏风。巫鸿在《重屏》中对这幅画的解读是："这面露天的屏风既不是为了挡风，也不像一堵墙那样可以划分空间，其意义在于它与它前面的那个人物之间的心理关联。那位士人，带着一种夸张的平和，正凝望着宏伟宫殿之外的奇峭山峰。他身后的屏风为他'挡住'了所有从外部射来的未经允许的视线，从而提供了私密性与安全感，保证了他乃是面前景象的唯一欣赏者。由此，这面屏风确立了一个只为他的视觉所独享的场所。"

本书的前四章都在谈如何看人，如何与人相处，如何审时度势，如何让自己在尘世中居于更舒适、更安全的位置，而本章则将探索世间种种无用之物、无用之道，以及无用之用。

01 蕴秀背后的生产力

江南一带有很多历史悠久的园林。它们似乎在很久以前就作为纯粹的文化遗产而存在，只有对它们的过去产生兴趣的人，才会问一个问题：它们在几百年前作为私产的时候，就和今天一样仅仅用于观赏吗？难道园林的前世今生，区别只是从前被主人和主人的朋友们所观赏，而今天被游客所观赏？

英国艺术史学者柯律格在《蕴秀之域：中国明代园林文化》中指出一个出人意料的事实：作为审美消费品的园林本质上依然是以生产为核心的，这才会让当时的园林主有足够的动力去建造和维护它。

明代中国相当缺乏经济资源的集中及自由转让机制，当个人或家庭需要时，购买或者转让这种资源并不能轻易实现。

至少在16世纪，古董和艺术品的功能就在于此。一件青铜器或一幅卷轴画（容易储存、保护和运输）因为可以短期内在艺术市场上流通，所以等同于大量现金。

储存金钱的其他方式主要是土地，但园林的局限性相对小得多。

一座处于都市或城郊的位置优越、果树林立、木材丰盈、池鱼无数的园林，是一份可以变现的巨大财富。

营建作为纯粹审美消费品的园林，在16世纪下半叶与17世纪早期最为流行，如果意识不到作为审美消费品的园林本质上依然是以生产为核心的，则不可能理解这一历史现象。

拙政园平衡经济收益和文化财富的最重要表现

就是栽种果树这种经济作物。果树具有很高的商品价值，栽种它们有利可图。果树同时具有观赏价值。（《蕴秀之域：中国明代园林文化》，柯律格）

历史学家透过"园林作为审美消费品"的表象，发现了生产的核心本质。

我有一个做艺术品经纪人的朋友，我问他："收藏家们买画，主要原因是真喜欢画，还是带着保值、升值等目的？"

他说："刚开始买画的时候，很多人都是仅仅因为喜欢某幅画。但买的画多了、收藏时间长了，他们的主要目的就会逐渐变成让画保值、升值。"

审美目的固然存在，但生产目的才是最终的答案，这个结论很有意思。

所以，如果我们以后听到谁自称做一件事、一个决定仅仅是因为喜欢，即仅仅出于审美目的，那就要辩证地去看了。如果花费不多，那也许仅仅出于审美目的。如果花费不菲，那就一定要考虑其生产目的。

02　文字的机巧之乐

读书究竟是一件快乐的事，还是一件苦差事？如果带着任务去读书，那自然是苦差事。然而，如果你发现文字中的玄机，你就会发觉读书不单单是一件严肃的事，它还可以如同捉迷藏一般，充满妙趣。

清朝初期有一位杨大人，他爱好园林，自造常州近园，其记云："自抱疴归来，于注经堂后买废地六七亩，经营相度，历五年于兹，近似乎园，故题曰近园。"

杨大人明明用心雕琢了这个园子——买废地，从无到有开始建设，费心费力五年。园成之时，他也非常满意自己的作品，可他却说这园子算不上正经的园子，只是一个近似的小园子而已。这就是欲拒还迎的"傲娇"。只用一个"近"字，可谓集"撒娇"技艺之大成。

他的园子近似是什么样的园子呢？换句话说，什么样的园子是他的参照系呢？寻常园子可没这等地位。可想而知，必是历史上闻名遐迩的那些名园。

所以这个"近"字，表面看上去是说杨大人自谦，但实际却藏着一个巧思，那就是"近似名园"，类似于"近似于缩小版的上林苑"。如此一来，听不懂弦外之音的人只道杨大人谦虚，而杨大人则陶醉在自己的作品之中。作为读者，洞察到杨大人玩的文字游戏，就是读书之乐。

发现汉字之间的不同组合也是一种读书之乐。

比如我们熟知的"矜持"这个词，用于形容一个人因害羞而外观持重。矜导向持，这是常见的字与字的组合。

宋徽宗在《腊梅山禽图》中题诗："山禽矜逸态，梅粉弄轻柔。已有丹青约，千秋指白头。"在这里有"矜逸态"一词。原来，矜不仅可以导向持重，还能导向散逸，随性而为。"矜且逸"的状态虽然不常见，但对于骄傲的山禽来说，可谓形容精准。

汤显祖的《牡丹亭》中有一句"似中山醉梦三年在"，妙意无穷。汤显祖没有写成"似中山三年醉梦"这样常见的句式，而是用"似中山醉梦三年在"，如同少女慵懒前行一般，只可意会。如此，杜丽娘顾盼神飞的神韵即呈现在读者眼前。

当你发现一个很常用的字被放在一个不常用的词语

里，却也能如此独到、妥帖时，你就会感受到读书之乐。

03　金火山的寓意

19世纪的法国作家儒勒·凡尔纳有一部小说《金火山》，讲述了淘金者来到金矿、掘到金，却在一场意外的火山爆发事故中失去一切的故事。

> 不止克朗代克地区拥有金矿藏，美洲的西北部，包括北冰洋与太平洋之间的广阔地区都有金矿藏，一些新的矿脉可能很快就会被发现。大自然特别关照这些不适宜农业生产的地区，慷慨赋予它们丰富的矿藏。（《金火山》，儒勒·凡尔纳）

然而，当金矿下的火山爆发时，灾难就发生了。

> 这时，借助火红的天空微弱的光线，可以看到这巨大的灾难。房屋消失了，随之而去的是两兄弟和简·埃杰顿积蓄的沙金。

简每天早晚翻越的山丘改变了形状。汹涌的洪水咆哮着撞击山丘，并且淹没了四十里河右岸、国界两侧一公里多的地段。和周围的二十来个地块一样，简与两兄弟的地块被十多米深的发疯似的洪水吞没了。乔赛亚斯·拉科斯特的两位继承人走了几千公里为了从129号地块上获得最大的收益，他们算是白跑一趟了。（《金火山》，儒勒·凡尔纳）

"金火山"的寓意很有意思。不管是一个职业上的机会，还是一个很有吸引力的人，他们都如同一座金山一般让人神往。但你要问问自己：那是一座安全的金山，还是一座金火山？

04 松风亭外的第一性原理

苏轼有一篇短文《记游松风亭》，文中写道：

余尝寓居惠州嘉祐寺，纵步松风亭下。足力疲乏，思欲就亭止息。望亭宇尚在木末，意谓是如何得到？良久，忽曰："此间有甚么歇不得处？"由是如挂钩之鱼，忽得解脱。若人悟此，虽兵阵相接，鼓声如雷霆，进则死敌，退则死法，当恁么时也不妨熟歇。

爬山累了，想着休息。一抬头看到松风亭还在树梢上，怎样才能走到那里呢？这时突然想到：为什么不就地休息呢？为什么一定要去松风亭休息呢？于是瞬间放松。

按照第一性原理，"休息"是爬山感到累了之后的第一性需求，而"在松风亭中休息"则不是第一性需求。苏轼想明白了他的第一性需求是什么。

"过得幸福"通常是人们的第一性需求，而"在某个城市过得幸福"，或"从事某个行业过得幸福"则不是人们的第一性需求。如果你在自己最喜欢的城市无法过得幸福，那么换个城市也未尝不可。

其他事情也遵循这一原理，比如很多人感慨的"爱而不得"。

> 要是说爱情不是件傻事，蠢事，受人禁止的事，以及陷入罪恶中的冒险勾当，那么它什么也不是了。不然的话，它只是赏心悦目、平淡无奇的事，只适宜于在平原上唱唱和平的小调而已。（《魔山》，托马斯·曼）

爱情自有光明的一面，然而那些傻的、蠢的、禁止的、冒险的一面，恰恰是爱情的另一面。

你爱的人，和适合与你生活在一起的人，可能不是同一个人。因为每个人都有各自的缺陷和卑微，这两个条件完全重合，需要机缘。

遇见自己爱的，但不适合生活在一起的人，深情地看一眼，也是好的。让爱的感觉停留在远处的松风亭，而你就在此地自在地休息。

05 战争、NBA与日常生活

兵者诡道，如果能去看看诡道本身，去看看历史上将军总结的失败经验，并将其迁移到我们的日常生活中，或许会有所帮助。

在读冯·埃里希·曼施泰因所著的《失去的胜利》时，我看到一段有意思的话：

> 到了1944年3月，清算德军最高统帅部所犯根本错误的时刻来到了。这个错误就是，为了能在关键性地点构成优势或者至少拥有充足兵力，从来不想放弃任何东西。

"从来不想放弃任何东西"就是一种战略失误。因为每个人的资源都很有限，很多时候不得不做取舍。如果想全取，而无一处舍弃，那就等于全舍。因为你拥有的能力不足以让你控制"全取"的结果。

这本书里还有另一句话也很有趣：

> 另外一个错误就是，在作战失败以后，依然利用已经不充足的兵力竭力向前推进，延伸战线，从而过分消耗了自己的力量。

这段话的关键是"过分消耗了自己的力量"。我认识一些创业的小伙伴，他们若在创业初期经历不顺，就会常常呈现两种状态。

有人会迅速止损，转头找个公司去上班。因为有过创业经历，对商业的理解更为透彻，所以回到职场以后如鱼得水，过了几年，恢复元气、积蓄力量，然后再次创业，往往会有收获。

另一些人则不然。创业经历挫败以后，依然不死心，利用剩余的财力继续推进项目，甚至卖房、借钱也要推进项目，在过分消耗自己力量的情况下，心态失衡、动作变形，最后负债累累、难以翻身。这就是"过分消耗力量"的后果。对于我们的日常生活，这会带来很多提醒和启发。

体育是和平年代最为接近战争的活动，体育领域的图书也经常带给我启发。比如在迈克尔·刘易斯的《思维的发现》一书中，第一章里写NBA球队面试官挑选球员时的种种判断方法，非常复杂，因为每一笔交易都关系着百万美元以上的年薪和球队的生存状况，所以做决策的面试官不仅需要大量的数据，还需要关于其他方面的判断力。

球队面试官认为，仅仅看候选球员的模型和得分有可能失误："有的球员可能得分很高，但其实是队伍中拖后腿的那个人；有的球员可能得分很低，却是球队中的核心人物。"

对球员身体素质的观察细致到迈出前两步时的爆发力："不仅要关注一个球员的弹跳高度，还要关注他跃起时的速度，也就是说，要看他的身体能够以多快的速度腾跃。这就既需要记录他的速度，又需要记录他迈出前两步时的爆发力。"

此外，还要观察球员在面对强劲的对手时，是不是依然有上乘的表现。因为很多平庸的球员在球场上表现好主要是因为对手年龄小、水平低，脱离对手看表现就会导致误判。

这对于我们普通人有什么启发呢？

如果你是公司的面试官，那么在面试职位应聘者的时候，就要知道应聘者在过往公司里的业绩并不能完全证明他可以胜任职位。有时候是因为他在上家公司刚好参加了一个很出成绩的项目，所以业绩很好，但他本人其实只是搭了便车。相反地，如果一位面试者的过往业绩平平，那也不能说明他就无法胜任职位，可能是因为他在上家公司做的项目刚好遇到时代逆风，实际上谁做都很难出成绩，而他在逆风背景之下依然有一些小成果，可以说明他的能力、逆商都非常好。总之，过往业绩只是一种参考，面试官要判断一个候选人是否合适，需要考虑对方所处的时代风口、团队力量等多种因素。

NBA球队面试官还会试图摆脱球员的魅力对面试官选秀工作的干扰："问题不在于他们身上的魅力，而在于这些魅力有可能掩盖的东西——毒瘾、人格缺陷、不法行为或者对高强度训练的强烈排斥。"

这一条对青年男女寻找人生伴侣也将有所帮助。固然人们会被有魅力的异性所吸引，但魅力确实会掩盖一些可能的缺点。

06　让阅读成为一件愉快的事

"终身学习"这个概念被很多人接受，大家知道终身学习的道理，但离开学校以后，会发现持续学习很难，其中一个难点是无法保持自律。在无人监督的情况下，怎么让自己持续学习呢？比如，怎么才能在工作繁忙的时候还能坚持每天读几页书呢？

我的建议是：找到适合自己的方法，而不是寻求一种绝对正确的方法。你可以不用那么机械地逼迫自己在固定的时间去学习固定的内容。

比如，当你渴了，你就去喝水；当你想读一段佛经，你就去读一段佛经；当你想读一段中东历史，你就去读一段中东历史；当你想学习上市公司的财报分析，你就可以把最近几天各个财经媒体上的财报分析找来学习一遍。

你不用逼迫自己在特别疲倦、状态特别不好的时候去阅读，也不用逼迫自己每日有计划地阅读某些领域的图书。你的阅读状态应该是"今天想读什么就读什么，不想读什么就不读什么"。重要的是，你每次想起阅读，都会想起愉快的回忆，这种愉快的回忆就会成为内驱力，让你只要有状态、有时间就想去亲近它。

只有处于一种愉快的阅读状态下，阅读才能自然而然地成为生活的一部分。如果强迫自己严格按照一个书单来阅读，那么就会丧失阅读的乐趣。

阅读最好搭配实践。在实践中，你读过的字句会再度浮现，让你产生新的领悟。

比如，与人对话是实践的一种。有时候我们说的"与高人交谈"，不仅包括高人直接给我们指点，还包括高人会提到某些我们闻所未闻的细分领域、专家名字、专著名称等，让我们知道到哪儿可以了解它们，以及哪些著作值得阅读。

07 用阅读提高思辨能力与表达能力

表达能力的源头之一是思辨能力。正如你要观察一个拳击手出拳的瞬间，你应该关注他的肩膀而不是手。研究沟通本身的技巧是浮于表面的，重要的是要让自己的思路明晰。

胡适先生提到过"有规律的思想方式"的训练。西方经典著作能给你带来"有规律的思想方式"训练，从苏格拉底、柏拉图、亚里士多德的著作，到现代西方学者的著作，这些对此都很有帮助。比如迈克尔·桑德尔的《公正：该如何做是好》，比如翁贝托·埃科的《波多里诺》。

初学者不要觉得这些著作读不懂、很难坚持读下去。如果你有这样的感受，那是因为一直以来你都没有强迫自己去阅读需要消耗大量脑力才能理解的作品。一开始，你可以慢慢读，但请坚持下去，你一定会看到成效。

我很清楚地记得，我在大一开始读亚里士多德和别林斯基的作品时感到苦不堪言，每个字都认识，但是连成一句话就是看不懂。挺过那个阶段以后，我就能体会到复杂思辨的乐趣了，并且对浅薄的、能量不密集的文字无法忍受。

当你的思维得到了深度训练后，迁移到日常与人沟通上，你就会很容易发现对方语句的指向，甚至能在他刚刚开口不久就猜到他的意图。这样一来，沟通就会非常轻松。

另外，还要注意提高阅读量。很多人会有一种感觉，明明读过很多书，可到了写文章之时却会体验到知识贫乏的痛苦，曾经读过的内容了无踪迹，自己很难将所读内容内化成文章，或者从容地将一部分读过的内容引用到自己的文章中。

要想解决这一问题，关键是要提高阅读量，以及增加阅读的频次。很多小伙伴自认为阅读量已经很高，其实还不够。具体到达什么样的量级才叫阅读量高？这很难用硬性标准去衡量。毕竟书的质量、阅读者的吸收能力也有区别。但如果在输出时能感受到"贫乏的痛苦"，那么基本可以认为阅读量还不够，接下来还需要继续提高阅读量。

好书不常有，因此好书值得反复阅读。一本好书如果只读一次，就很容易忘记其中的内容。面对好书，建议反复阅读。不用强制自己一定要时隔多久温习一次，你只需要在想起来的时候把这些好书重新捡起来读就可以。

在不同的年纪、不同的心境下读同一本好书，往往会有不同的感悟，结合自己当下的所思，可以将这些感悟内化成自己的思想。第一遍阅读往往会留下一个初步印象，等你遇到了事而想起某本书里类似的情节或情绪时，再翻开那本书读一遍，你会发现一些从前没有注意到的细节，如同读了一本新的好书。

比如亚历山大大帝的故事，我在过去十几年里，在不同的书里都读到过他的故事，包括他与第欧根尼的对话，或者他斩断绳结的寓言，第一次读到这些故事，我很难记住并将它们用在生活中，但这些故事在不同书中以不同的角度被反复叙述，在一次次"印刷"中令我印象深刻，并被我多次在文章中引用。

有时候，读者看到作者在文中引用某个故事、某段话，会很自然地以为作者看过一次就记得，其实不然。很多时候，作者多次在不同图书中、不同心境下读到同一句话或同一个故事，才能将它们牢牢记住。

08 "无我"与"藏锋"

每个人都既能通过自己的人生经历去看世界，又能通过别人的人生经历去看世界。每个人的经历都有限，想要在有限的生命中领悟广博的真理，一个心法就是让"自我"往后退，尽量以"无我"的眼光去观察世界。

很多人对外面的世界并不关心，看几眼世界，就浅尝辄止。这些都阻碍了对世界的观察。比如，当你看到某个纪录片里提到一个地方，而那正好是你的家乡，你能带着崭新的视角去看待它吗？你能忘记它与你的关系，并重新客观地认识它的优势与缺陷吗？

如果在观察别人的人生轨迹时，带着强烈的"自我"去观察，就会妨碍自己看世界。"他们那样不行/没有性价比/不值得""还是我这样好"（事实是，无论自己活得多么不堪，结论总是自己最好）——这无疑是一种阻碍自己看世界的执念。

在"你的眼睛"和"世界"之间，往往还横亘着一个自恋的"自我"，尝试着去挪开它，用"无我"的眼光去看世界，你看到的世界将会更清晰。

让自恋的"自我"后退，在看世界更清晰之余，还能保护自己和其他人。正如，"藏锋"这一古老的处世建议所指出的：如果一个人世事洞明、具有敏锐的洞察力，那么他就如同一把锋利的刀，不注意掩藏的话，就容易碰伤别人，同时对自身也造成伤害。

于是，有些敏锐之士就为自己准备了数套面具，到不同的场景就切换不同的面具。

一个热爱读苏东坡的人可以同时热爱读财报吗？

一个热爱读哲学的人可以同时喜欢去拉斯维加斯豪赌吗？

一个每天都读佛经的人可以同时在酒桌上指点江山吗？

种种幻化，圆觉妙心。戴上不同的面具，就会配合不同的场景和人物。不用在任何时刻都显摆"全景的你多么厉害"，只要在特定的场景下戴上特定的面具就好了。

戴上面具之前，先默念一遍"无我"，然后开始"表演"，这样一来你能获得安全感，他人也能觉得放松。

09　抽象世界，不只有"美"

一提到文学的艺术性，很多人就会联想起"美"这个词，这是对文学艺术性的误解。

事实上，文学艺术性绝不仅仅意味着美或感性。从中国古代诗歌的开端《诗经》来看，"昔我往矣，杨柳依依。今我来思，雨雪霏霏"里面有一种深深的寂寥。

类似的感受还有"人面不知何处去，桃花依旧笑春风"，以及"雕栏玉砌应犹在，只是朱颜改"……这些诗句表面上是在描绘一种"美"的意境，但实际上是在表达盛景消散之后的"空"，以及对生命轮转的体悟。

如果只有软绵绵的"美"，那文学艺术性的价值将会很低。文学作为一种艺术的核心价值在于传递人世间的壮美和寂寥，繁华极盛与空落俱灭。

文学作品还有另外一层价值，是思想性。无论是庄子所展现出来的天马行空的想象力，还是《资治通鉴》《左传》《汉书》这些既是文学书籍又是史学书籍的书里对人性的深刻描摹，都是让人惊叹的。

范蠡在帮助越王勾践夺取江山以后连夜逃走；王翦对秦王的逢迎和不信任、对君王恩宠的警觉；姚广孝在大业已成以后依然坚持以一个出家人自居，用僧袍作为自己的盾牌，对君王朱棣不抱幻想……在千年的历史轮回里，你能看到同样的事一次次发生。因为人性如此，残酷而真实，一个世纪接着一个世纪，从来没有改变过……

除了文学，人类还需要数学、物理、音乐，在那浩瀚又抽象的世界里，吃穿用度、虚荣好胜都是"色相"，而不是只有"美"。

受过高等教育的好处就是，终其一生你都可以不断自学，向浩瀚的星空探索，从镜像流形中看见阴阳，把恢宏的大厦看成光线的集合，而不是只看到"美"。

10　澎湃的生命力

"生命力"这个词是近年来的热词，大家能感受到它的威力，很多人都很想拥有澎湃的生命力，但却难以将生命力的含义准确描述出来。

优秀且无趣，是对人为秩序不假思索的归顺。

生命力，是自然生长的澎湃动力。

蛇通常在气温达到零下就会死亡，但在海拔4000多米的喜马拉雅山雪线以上，生活着一种温泉蛇。它们在酷寒中进化出独特的习性得以生存。这种试图超越不可能的生存欲望，就是生命力。

人们羡慕有生命力的人，但有时候又会对他们产生复杂、微妙的情绪，比如恐惧。实际上，生命力未必意味着破坏力，那些有澎湃生命力的人只是脑子里没有那么多条条框框，或者知道所有的条条框框是怎么来的，即使表面顺从，也会在内心同时保存独特的运转系统。

后记

感谢你读到这里。这本书是对我过去数年日日所为的提炼与总结。连续七八年，我每天都会与前来咨询的用户线上交流，信息量之密集，如同高强度的训练。

北国雪场的厚雪覆满山谷，我在线上与用户交流。眼前的天地似乎从来都与世无争，但线上经常充满赌徒一般的欲念和试探。

深圳湾的海景一览无余，我在线上与用户交流。我知道其中的很多人就在方圆几公里之内，可是我们不会在现实世界中认识彼此。

这就是我这些年的生活方式：现实生活简单且安静，但日日在线上穿梭于热辣的人性"舞蹈"中。

如此七八年后，我对于人性的认知已有很大的不同。

从青少年时期起，我就是一个会花大量时间阅读的人。我对学校的主要记忆就是图书馆——经常在图书馆里一待就是一天，如痴如醉。各个学科的书我都喜欢读，就连我并不擅长的运动科学类的书，我都能发现其中的乐趣。对我来说，读书从来不是为了成为更好的自己，而是真的很有意思。就像很多人喜欢打游戏一样，读书就是我的电子游戏。

自然，读到一定阶段就会发现人性的玄妙。严子陵是故意暴露自己，还是只是无意被发现的呢？姚广孝在事业成功之后还坚持穿一身僧衣，这身僧衣背后是他对人性的哪般考量呢？这些阅读过程中的思考构筑了我对人性探究的兴趣，人性如此复杂、微妙，静水流深。

然而，纸上得来终觉浅，读书只能提供理论储备，要想获得更深刻的体悟，必须和真实的人打交道，经历真实的事。

毕业进入社会以后，其实我亲身经历的事并不多，但由于因缘际会，我目睹的活人"神仙"和"妖怪"真不少，这些真实而奇特的案例，结合我通过阅读激发的思考，让我在互联网上有了被请教的价值，而在互联网上近十年的问答，又是新一重的认知训练。

我一直是一个"旁观者"。少年时期，我通过阅读来观察人类社会；青年时期，我在无数个高峰论坛、商业晚宴、公司会议、商业游学中默默观察；中年以后，我在阅读和日常行为之余还多了通过线上解决用户问题而间接观察的机会。

后来，我在黑塞的小说《诗人》中读到一句令自己心中戚戚然的句子："少年感觉自己心性独特，既想洞察世间之美，又盼袖手旁观。"

原来我也一直想要洞察世间万千，却又只想袖手旁观。

原本这是不可能的事，然而在当今科技的加持之下，竟然也能实现。

在《诗人》的结尾，为了学诗离开家乡一生的主人公回到家乡——"当晚，河上再庆灯节，韩独自站在黑暗的对岸，背靠老树抚琴，妇人看着夜色陶醉而忐忑地长叹，少女遍寻抚琴人不见，感慨从未听过如此妙音，而韩只是笑而不言。"

抚琴人或作者，理想的状态就是如此：坐在黑暗的对岸，传递给闻者现实之外、情理之中的妙音和妙意。

花神妙的Juan